**우리를 배반한
근대** ━━━━━

화려한 허울을 벗겨낸
근대의 속살

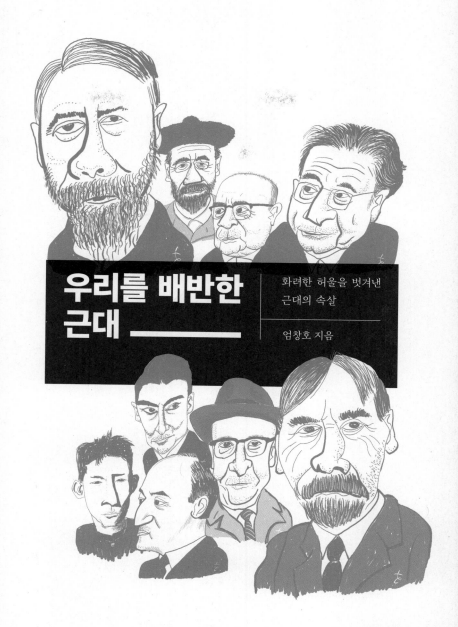

우리를 배반한 근대 ————

화려한 허울을 벗겨낸
근대의 속살

엄창호 지음

여문책

차례

들어가는 말: '근대'로 거슬러 오르는 연어의 꿈　　006

1장 | 자유주의의 배반: 자유로운 것이 자유는 아니다

　자유보다 달콤한 복종　　019
　공화주의를 물리친 자유주의　　030
　자유주의, 국가주의와 손잡다　　043
　강제를 자유로 착각하는 바보들에게　　049

2장 | 계몽주의의 배반: 계몽이라 쓰고 야만이라 읽는다

　계몽은 신화로 돌아간다　　059
　카프카, 근대를 조롱하다　　068
　'미친놈'이라고 말할 자격　　076

3장 | 자본주의의 배반: 신사가 아니라 조폭이었네

　자본주의의 기원에 관한 불편한 진실　　089
　사다리를 걷어찬 '나쁜 사마리아인들'　　098
　'밀턴 프리드먼'이라는 주술　　106
　주식회사의 놀부 심보　　118

4장 | 부르주아의 배반: 또 다른 계급사회의 특권층이 되다

　부르주아의 다섯 가지 얼굴　　129
　부르주아, 귀족을 꿈꾸다　　139

5장 | 소비주의의 배반: 소비자, 근대적 주체로 생산되다

만들어진 소비자 157
'계획적 진부화'라는 음모 166
소비의 미끼, 사용가치 174

6장 | 민주주의의 배반: 대의민주주의는 민주주의가 아니다

국민이 주인이라는 착각 191
선거 없는 민주주의가 가능하다고? 201
자발적 굴종의 유혹 207

7장 | 법치의 배반: 법의 이름으로 꼼수를 쓰다

'법 앞의 평등'이라는 기만술 215
'법 지상주의' 프레임에 갇힌 우영우 223
사라지지 않은 특권 229

8장 | 잃어버린 공동체를 찾아서

'후계동'이라는 이름의 '오래된 미래' 239
바람이여 안개를 걷어가다오 246
공동체주의를 넘어서 256

9장 | 한국의 근대 낯설게 읽기

왜 사촌이 땅을 사면 배가 아플까 271
'리쪠'라는 이름의 절대반지 279
기자 정신에 밀려난 소설가 정신 285
굿바이, 아베 294

나오는 말: 산란을 마친 연어의 꿈 300
도움받은 콘텐츠 306

'근대'로 거슬러 오르는 언어의 꿈

고개를 넘으니 '근대'였다. 시공을 넘나드는 타임머신을 탔다면 모를까, 어떤 공간을 지나니 새로운 시간이 나타났다고 하면 좀 이상하게 들릴지도 모르겠다. 하지만 그렇게 말하는 이유가 있다. 1966년 초 박정희가 '조국 근대화'의 기치를 올린 다음 어느 해, 우리 가족은 아직 근대화의 손길이 미치지 못했던 강원도 평창군의 한 농촌 마을을 떠나 대관령을 넘어 근대화가 이미 시작된 강릉시로 이사를 하게 되었다.

평창은 전근대 농촌을 벗어나지 못했지만, 강릉은 도심지를 중심으로 근대적 풍모를 제법 갖춘 도시였다. 평창과 강릉은 공간상으로는 물론 시간상으로도 그렇게 떨어져 있었다. 요즘이야 차로 한 시간도 안 걸리지만, 당시에는 아흔아홉 구비라는 별명이 붙을 만큼 심하게 비탈진 비포장도로를 따라 한나절쯤 걸리는 거리였다. 나는 전근대에서 불과 네댓 시간 만에 근대로 진입했던 셈이다. 그러니 전근대에서 고개를 넘으니 근대였다는 표현이 그리 심한 과장은 아닐 것이다.

내가 살던 곳은 사방이 산이나 논밭뿐이며, 버스도 들어오지 않는 데다 자동차라고는 며칠에 한 번 지나가는 군용 트럭이 전부인 마을이었다. 어두워지면 호롱불을 켜고, 잡곡밥에 무가 들어간 된장국과 김치로 저녁을 먹고, 겨울이면 화롯가에서 불장난하다가 야단을 맞고는 일찍 잠자리에 든 기억이 아련하다. 문화적 혜택이라고는 일 년에 서너 번 전국 순회 영화 상영회에서 본 반공영화가 고작이었다.

전근대 농경사회가 세상의 전부라고 믿었던 일곱 살 꼬맹이에게 근대화된 도시 강릉은 그야말로 별천지였다. 시원하게 뚫린 4차선 아스팔트 도로에는 버스며 택시며 트럭 등 크고 작은 자동차들이 수시로 지나다녔다. 중심가에는 '무려' 3층이나 되는 건물이 눈을 가로막았고, 밤이 되면 그 건물 옥상에서 형형색색 변하는 네온사인이 눈길을 사로잡았다. 시내에 세 군데나 있는 극장에는 신성일이나 김지미 등 유명 배우가 나오는 영화 간판이 늘 걸려 있었다. 이전에 살던 마을보다도 더 큰 시장에서는 별의별 물건들로 실컷

눈요기할 수도 있었다.

전근대를 살던 나에게 근대는 그렇게 순식간에 충격적으로 다가왔다. 그것은 놀라움과 호기심이기도 했지만 두려움이기도 했다. 나중에야 근대라는 이름을 붙일 수 있게 된 그곳은 과연 어떤 세상일까? 일곱 살의 어린 꼬맹이로서는 전혀 가늠할 수 없었다.

그 꼬맹이는 스무 살이 될 즈음 대한민국 근대의 중심 서울로 올라왔다. 서울에서 학업을 마친 뒤 직장을 다니고 가정을 꾸리는 동안 근대가 고속성장의 꽃을 피우고 풍요의 열매를 맺는 과정을 지켜보았다. 그리고 '이제는 돌아와 거울 앞에' 서서 신중년의 나이를 지나고 있다. 그동안 근대가 제공한 제도 속에서 이런저런 혜택도 보았고 갖은 풍파도 겪었다. 길어진 가방끈만큼 제법 글줄도 읽었다. 그만큼 세상 보는 눈이 넓어졌을 법도 한데, 근대는 여전히 '욕망의 모호한 대상'이다.

시인 김기림이 「바다와 나비」(1939)라는 시에서, "아무도 그에게 수심水深을 일러준 일이 없기에/흰 나비는 도무지 바다가 무섭지 않다/청靑 무우밭인가 해서 내려갔다가는/어린 날개가 물결에 절어서/공주처럼 지쳐서 돌아온다"라고 노래했듯이, 나에게 근대는 '청 무우밭'이 아니라 수심을 알 수 없는 바다인 듯하다.

근대는 어떤 이에게는 희망이었고 어떤 이에게는 환멸이었다. 가령 대표적인 계몽주의 철학자 이마누엘 칸트(1724-1804)는 "인간이 스스로의 잘못으로 초래한 미성년 상태로부터 벗어나는 것"이라며 근대를 연 계몽의 정신을 옹호했다. 하지만 보수주의의 원조라 불리는 에드먼드 버크(1729-1797)는 "프랑스 혁명은 이제까지 세상에서 벌어진 일 가운데 가장 경악스러운 것이며, 온갖 종류의 죄악과 어리석은 짓이 뒤범벅이 된 쓰레기 잡탕들의 광기다"라며 근대를 연 프랑스 혁명을 맹비난했다.

재빨리 서양의 근대를 흉내 낸 이웃 나라의 먹잇감이 된 20세기 초 한반도에도 근대의 파도가 밀물처럼 밀려들었다. 당시 식민지 조선인들은 그 파도를 한편에서는 꿈과 기대를 품고, 다른 한편에서는 두려움과 열등감을 안고 바라보았다. 1919년 12월 발행된 『서울』이라는 잡지에 실린 「아등我等의 서광曙光」이라는 글에서 "극락세계가 이상적이 아니라 현재에 찾아왔으며 황금시대가 몽환적이 아니라 사실로 나타났도다"라고 말한 것을 보면 근대에 대한 기대가 매우 컸음을 알 수 있다.

하지만 『별건곤』 1929년 9월호에 실린 「종로 네거리」라는 글의 한 대목을 보면 근대에 대한 두려움도 상당했을 것으로 짐작된다.

"아편전쟁의 대포 소리로 중국의 만리장성을 부수고, 에도 만灣의 흑선黑船으로 일본 사무라이의 칼을 분지르고 상투를 자르고, 그 세력은 역시 조선의 강화도에도 와서 은은한 소리를 내기에 이 무슨 소리냐 물으니, 태서泰西 제국의 봉건주의를 때려 부순 자본주의 상업의 소리라 한다." 역사의 진실은 희망과 환멸 사이, 아니면 기대와 두려움 사이 어디쯤엔가 있을 것이다.

세상은 30여 년 전에 이미 거대 서사의 붕괴니 주체의 죽음이니 이종교배니 하는 포스트모더니즘 담론들로 한차례 들썩거렸고, 얼마 전부터는 빅데이터니 인공지능이니 사물인터넷이니 가상현실이니 하며 이른바 4차 산업혁명의 의제들로 떠들썩하다. 겉으로만 보면 세상은 그렇게 '포스트모던', 즉 '탈근대' 또는 '근대 이후'를 향해 달려가고 있는 것처럼 보인다. 하지만 조금만 주의 깊게 살펴보면, 21세기가 시작된 지 20년이 넘는 이 시점에도 세상은 여전히 근대의 프레임에 갇혀 있음을 알 수 있다.

가령 초대형 밀리언셀러로 한국인의 정의관 형성에 크게 기여한 마이클 샌델의 『정의란 무엇인가』에서 다루는 공리주의·자유주의·자유지상주의·공동체주의 등의 정의관은 죄다 근대 형성기에 만들어진 개념과 사상들이다. 지난 대통령 선거에서 불거진 쟁점도 정의·공정·민주·자유·법치 등 근대적 개념들 주변을 맴돌았다. 더구나 우리는 압축적인 근대화를 겪는 과정에서 아직 남아 있는 전근대적 제도와 의식까지 극복해야 할 과제로 떠안고 있다.

근대라는 용어를 쓸 때 가장 난감한 문제가 '현대'와의 관계 설정이다. 사람들은 대개 근대를 고대와 중세 다음에 오며 현대 이전에 존재하는 역사적 시대로 받아들인다. 하지만 이는 일본에서 만들어진 시대 구분 방식일 뿐, 전 세계에 통용되는 보편적인 시대 구분법은 아닌 듯하다. 근대와 현대는 모두 영어로 'modern times(era)'이다. 이는 곧 영어권이나 서양에서는 근대와 현대를 구분하지 않는다는 뜻이다. 우리나라에서 'modern times(era)'를 어떤 사람은 근대라고 옮기고 어떤 사람은 현대라고 옮기는 이유가 바로 그 때문이다. 서양에는 근대 이후의 세계를 'post-modern times(era)', 우리말로 '탈근대' 또는 '근대 이후'라고 할 뿐, 현대에 해당하는 용어가 따로 있지 않다. 결국 근대와 현대는 가치론적으로 동일한 외연을 갖는 동일한 개념이다.

근대와 현대가 결국 같은 개념임을 말해주는 재미있는 사례가 있다. 1966년 '조국 근대화'라는 슬로건으로 '근대/근대화'의 상

징이 된 인물이 박정희이고, 그가 올린 기치 아래 산업계에서 박정
희의 근대화를 실천한 인물이 '현대'의 상징 정주영이다. 그 두 사
람은 결국 같은 목표를 향해 달렸다. '박정희표 근대'의 성과가 결
국에는 현대중공업의 유조선이나 현대자동차의 포니 등 '정주영
표 현대' 제품들로 나타났다. 근대가 곧 현대였고 현대가 곧 근대
였던 것이다. 근대와 현대의 구분은 이렇듯 무의미하다. 역사학계
에도 이들의 구분에 관한 확립된 정의는 없는 것으로 안다.

미셸 푸코에게 근대는 18세기 말에서 19세기 초에 시작되어 자
신이 글을 쓰던 1960~1970년대까지도 여전히 이어지고 있는 것
으로 가정되는 하나의 시대였다. 이를 참고해 나는 근대를 '18세
기 후반에서 20세기 초반 사이에 형성되어 그 이후 인류의 삶에 영
향을 미친 가치(그리고 제도)가 지속된 시대'라는 뜻으로 쓰려 한다.
자본주의·자유주의·계몽주의·소비주의·대의민주주의·법치가
바로 이에 해당하는 근대의 가치들이다. 부르주아는 이 가치들을
이끌어간 주역이었다.

원래 나는 발전사관을 믿는 편이라 늘 희망과 기대 속에서 역사
를 바라보았다. 직선으로 곧바로 가든 나선형으로 빙빙 돌아가든

역사가 발전한다는 관점에서, 나중에 벌어진 역사적 현상은 이전보다 더 나아진 현상으로 보려 했다. 그래서 기후변화, 불평등, 능력주의, 극단적인 자유주의, 공동체의 파괴 등 크고 작은 문제들이 있는데도 근대는 인류의 삶이 이전보다 나아진 상태라고 생각하고 싶었다. 앞에서 나열한 그 문제들은 찬란한 빛 뒤로 어쩔 수 없이 드리우는 그늘 정도로 이해하려 했다.

그런데 언제부터인가 나의 이 오랜 고정관념은 조금씩 무너져 갔다. 그런 변화에 영향을 미친 책 가운데 하나가 유발 하라리의 『사피엔스』다. 그는 이 책에서 1만 년 전 일어난 농업혁명을 '역사상 최대 사기 사건'이라고 모질게 평가했다. 농업혁명 덕분에 인류가 먹을 수 있는 식량의 총량이 확대되었다는 사실은 인정하지만, 여분의 식량이 곧 더 나은 식사나 더 많은 여유 시간을 의미하지는 않았다고 지적했다. 그러면서 그는 농업혁명이 오히려 인구폭발과 방자한 엘리트를 낳았다는 점, 평균적인 농부는 평균적인 수렵채집인보다 더 열심히 일했으나 그 대가로 더 열악한 식사를 했다는 점 등을 열거하며 이를 농업혁명이 최대 사기였음을 주장하는 논거로 제시했다.

내가 보기에 유발 하라리가 농업혁명을 사기죄로 기소하며 열거한 죄목보다 근대의 죄목은 두 배 이상 많다. 그렇다면 먼 훗날 근대가 어떤 평가를 받을지 궁금해졌다. 하라리처럼 까칠한 역사학자가 나타나 앞에서 열거한 문제들을 들어 근대가 농업혁명보다 더 큰 사기 사건이었다고 비난하지는 않을까? 역사의 발전과 인류 전체의 행복에 기여하리라 믿었던 근대의 가치들이 과연 우리의 기대를 채워주고 있는가? 아니 오히려 우리의 기대를 배반해온 건 아닐까?

나는 다소 엉뚱해 보이는 이런 의문을 안고, 그동안 대충 알고 있었던 근대를 시작부터 다시 찬찬히 살펴보기로 했다. 이 책은 기존의 통념을 뒤틀어보고 보편화된 상식을 거꾸로 보고 고정관념을 뒤집어보며 근대의 참모습을 찾아 떠난 여행의 기록이다. 주로 책을 그 여행의 가이드로 삼았으나 때로는 영화, 드라마, 광고, 대중가요, 코미디 프로그램, 유튜브 영상과 동행하기도 했다.

나는 이들 콘텐츠를 통해, 근대의 가치들을 감싼 화려한 허울을 벗겨내고 날것 그대로의 속살을 들춰보려 했다. 그 결과 이들은 하나같이 처음부터 인류에게 행복을 가져다줄 뜻이 전혀 없는 상태에서 탄생했고, 많은 사람이 원하는 방향과는 반대로 특정 세력의 이익을 위해 작동되었음을 확인할 수 있었다. 요컨대 근대의 가치들은 평범한 삶을 살아가는 '우리'의 기대를 배반한 셈이다. 이 책의 제목을 『우리를 배반한 근대』라고 정한 것은 바로 그 때문이다. 1장에서 7장까지에 바로 그 내용이 담겨 있다. 8장에는 근대가 무너뜨린 공동체의 복원에 대한 희망을, 9장에는 한국 근대에 대한 몇 가지 인상적인 시각을 소개했다.

연어가 강을 거슬러 올라가는 까닭은 죽기 위해서가 아니라 새로운 생명을 탄생시키기 위해서다. 다시 말해 연어에게 강을 거슬러 오르는 일은 과거로 퇴행하는 것이 아니라 미래를 향해 진격하는 눈물겨운 노력인 셈이다. 나는 연어의 심정으로 근대로 거슬러 오르려 한다. 가수 '강산에'가 부른 〈거꾸로 강을 거슬러 오르는 저 힘찬 연어들처럼〉에 나오듯, "걸어 걸어 걸어오는 이 길, 앞으로 얼마나 더 많이 가야만 하는지" 알 수는 없다. 하지만 그래도 거슬러 오르려는 이유는 거기에 근대를 넘어설 미래가 있다고 믿기 때문이다.

01

자유주의의 배반

자유로운 것이
자유는 아니다

자유보다
달콤한 복종

명절 때만 되면 '쇼핑의 자유'라는 슬로건을 앞세워 어김없이 등장하는 광고가 있었다. 바로 S사의 상품권 광고다. 전국의 수많은 자사 백화점과 대형마트 어디에서나 그 상품권을 쓸 수 있다는 이유로 자유라는 말을 당당하게 붙인 듯하다.

하지만 따지고 보면 그 자유에는 자사의 백화점과 마트에서 쇼핑할 자유만 있을 뿐이다. 그것도 특정 가격 범위 이내의 한정된 자유다. 달리 말해 표시된 금액을 넘어서 쇼핑할 자유, 다른 백화점이나 마트에서 쇼핑할 자유, 또는 이들과는 전혀 다른 성질의 점포에서 쇼핑할 자유, 아니면 어디서든 쇼핑이라는 행위 자체를 하지 않을 자유는 포함되지 않는다는 말이다. 아니 쇼핑과는 전혀 다른 성질의 자유, 예컨대 헌법에 나와 있는 언론·출판·결사·집회의 자유는 아예 생각하지도 못할 상황이다. 이 광고를 보고 나서 S백화점에서 쇼핑을 결행했다면 그것은 자유가 아니라 오히려 복종이라고 말할 수도 있다. 광고가 요구하는 바를 순순히 수행했기 때문이다.

스펙트럼이 넓은 단어, 자유

기껏해야 시장이 허용해야만 누릴 수 있는 자유를 자유라고 할 수 있을까? 과연 거기에 자유라는 이름을 붙일 수 있을까? 내가 두 친구에게 각각 이 질문을 던졌더니, 한 친구는 광고가 다 그렇지 하면서 소비사회에서 만연한 언어 인플레이션을 당연시했고, 다른 친구는 그것도 그들의 자유라며 개념의 유연한 확장성을 정당화했다. 하기야 혁명으로 무너진 독재정권을 이끌던 정당의 이름은 '자유당'이었고, 대표적인 극우 반공단체의 이름은 '한국자유총연맹'이다. 검찰공화국을 세워 '공안통치'를 하리라 의심받는 대통령은 연설할 때마다 자유라는 단어를 수십 번씩 외쳤다. 이처럼 자유와 전혀 다른 길을 가고 있는 듯이 보이는 진영에서도 자유를 말하는 판국에, 적어도 일말의 진실은 담고 있는 '쇼핑의 자유'를 쓰지 못할 이유는 없다. 그런데 자유가 언제부터 그렇게 헤픈 단어가 되었을까?

프랑스의 시인으로 1차 세계대전과 스페인 내전에 참전했던 폴

폴 엘뤼아르
Paul Éluard

엘뤼아르는 「자유」라는 시에서 "반짝이는 모든 것 위에/여러 빛깔의 종들 위에/구체적인 진실 위에/나는 너의 이름을 쓴다", "그 한 마디 말의 힘으로/나는 내 일생을 다시 시작한다/나는 태어났다 너를 알기 위해서/너의 이름을 부르기 위해서"라고 노래했다. 이 시에서 영감을 받은 것으로 짐작되는 1970~1980년대 우리나라의 대표적인 한 저항 시인은 자유를 민주주의로 바꿔서 "떨리는 손 떨리는 가슴/떨리는 치떨리는 노여움으로 나무판자에/백묵으로 서툰 솜씨로", "숨죽여 흐느끼며" 남몰래 쓴다고 읊조렸다. 이처럼 자유를 누리기는커녕 쓰는 일조차 목숨과도 바꿀 만큼 고귀하게 여기던 시절도 있었다.

자유는 인류의 오랜 꿈이었다. 종교와 신분의 구속에서 벗어나 근대의 문을 연 열쇠 꾸러미에도 자유라는 황금열쇠는 단연 빛나고 있었다. 하지만 앞에서도 보았듯이 자유라는 단어만큼 스펙트럼이 넓은 단어도 드물다. 의미를 쉽게 알 것 같으면서도 때론 전혀 다른 두 입장을 대변하는 경우도 있을 만큼 애매하고 복잡하다. 18세기 계몽주의 시대부터 수많은 학자와 혁명가들이 주장해왔지만, 여전히 알기 어려운 단어가 바로 자유다.

자유를 주제로 하는 이런저런 책을 읽다가 영화에서는 자유를 어떻게 다루었을까 문득 궁금해졌다. 넷플릭스를 뒤져서 〈처음 만나는 자유〉라는 이름의 영화를 용케 찾아내 몰입해서 보게 되었다. 그래서 이 영화를 가지고 '자유'에 관한 이야기를 시작하려 한다.

영화 〈처음 만나는 자유〉가 전하는 자유의 의미

이 영화의 원제는 'Girl, Interrupted'로, 직역하면 '감금된 소녀'쯤 된다. 이를 '처음 만나는 자유'로 과감하게 옮긴 수입 영화사 측의 판단은 현명했다. 이 영화가 무엇보다 진정한 자유의 의미를 묻는 영화라는 사실을 정확히 알고 있었을 것이기 때문이다.

어떤 텍스트건 정확한 이해를 위해 중요한 것은 곁가지에 빠지지 않고 핵심을 꿰뚫어보는 일이다. 이 영화를 제대로 해석하려면 스토리라인의 깊숙한 곳에 자리 잡은 '구속 대 자유'라는 이항 대립과 그 의미를 이해해야 한다. 심층에 있는 의미는 표층에서 벌어지는 여러 에피소드를 통해 드러난다.

정신병원이 주 무대인 이 영화에서 주목해야 할 인물은 세 명의 소녀다. 이 영화의 주인공이며 '경계선 성격 장애borderline personality disorder'라는 정신질환으로 수용된 수잔나(위노나 라이더 분), 마약 복용으로 이 병원에 오랫동안 감금되어 있는 리사(앤젤리나 졸리 분, 이 영화로 2000년 아카데미 여우조연상 수상), 그리고 아이 같은 모습의 순박한 데이지(브리트니 머피 분)가 그 소녀들이다.

세 인물은 모두 구속에서 벗어나 자유로운 존재가 되기를 꿈꾼다. 그래서 그들은 일차적이고 직접적인 구속 요인인 정신병원에서 나가기를 원한다. 가장 먼저 병원을 나가는 사람은 데이지다. 아버지의 배려로 퇴원한 다음에도 아버지의 지원과 사랑을 받으며 생활하는 그녀를, 병원을 탈출한 수잔나와 리사가 찾아간다. 데이지는 "이게 삶이라 할 수 있니? 아버지 돈 받아서 인형이랑 장식품 사는 게? (중략) 주변만 바꿨지, 네 처지는 그대로야"라는 리사의 말에 충격을 받고 다음 날 아침 목을 매달아 자살한 상태로 발견된다.

두 번째로 병원을 나가는 사람은 리사다. 정식 퇴원이 아니라 '탈출'의 형태다(물론 리사는 그전에도 여러 번 탈출했다가 다시 붙잡혀 왔지만, 이 영화의 의미 구조상 두 번째라는 얘기다). 하지만 리사는 탈출 후 헤로인을 복용하고 매춘까지 하다가 다시 잡혀온다. 리사는 수잔나에게서 이런 뼈아픈 말을 듣는다. "넌 이미 죽었어. 네 심장은 얼어붙었어. 그래서 여기로 다시 돌아오는 거잖아. 넌 자유롭지 않아. 넌 이곳에서만 살아 있다는 걸 느끼잖아." 리사는 이 말을 듣고 오열하며 참회의 눈물을 흘린다.

세 번째로 병원을 나가는 사람은 수잔나다. 정식 퇴원의 형태다. 그녀는 당장 나가서 일할 직장도 마련했고 장기적으로 글을 쓰겠다는 계획도 세워두고 있었다. 그녀의 구체적인 계획을 듣고 건강한 상태를 확인한 병원 측이 위원회를 열어 완치되었다는 판단을 내리며 흔쾌히 퇴원을 결정해준 것이다.

이 영화는 병원을 나간다고, 즉 리사나 데이지처럼 병원이라는 일차적이고 외형적인 구속 요건에서 풀려난다고 자유로운 존재가 되는 게 아니라고 말하고 있다. 그 대신 수잔나처럼 자신이 주도적으로 어떤 목표를 향해 달려갈 수 있어야 진정으로 자유로운 존재가 된다는 점을 알려주고 있다. 이를 두고 '처음 만나는 자유'라고 표현한 것이다.

일차적이고 외형적인 구속에서 풀려나 얻는 임시적인 자유를 소극적 자유, 다른 말로 '~로부터의 자유freedom from~'라 부른다. 그리고 주도적으로 목표를 향해 달려가서 얻는 항구적인 자유를 적극적 자유, 다른 말로 '~를 위한 자유freedom for~'라고 부른다. 이 두 가지 개념을 통해 자유의 전정한 의미를 밝힌 책이 바로 에리히 프롬의 『자유로부터의 도피Escape From Freedom』다. 소극적 자유에 멈춰서 적극적 자유를 추구하지 않으면 사람들은—아버지(데이지의 경우)나 마약과 매춘(리사의 경우)처럼—또 다른 구속을 찾아 도피하게 된다는 것이 바로 이 책의 핵심 내용이다.

에리히 프롬
Erich Fromm

『자유로부터의 도피』와 두 가지 자유

이 책의 주제는 근대인은 개인에게 안전을 보장해주는 동시에 개인을 속박하던 신분제 사회의 굴레에서는 자유로워졌지만, 개인적 자아의 실현이라는 적극적 의미에서의 자유는 획득하지 못했다는 것이다. 자유는 근대인에게 독립성과 합리성을 가져다주었지만 또 한편으로는 개인을 고립시켜 무력한 존재로 만들었고, 히틀러의 나치는 바로 이 틈을 파고들어 그 개인들이 맹목적으로 추종하게 만든 체제였다고 보고 있다.

이 책에 따르면 마을 공동체와 교회 그리고 신분제 같은 원초적 유대에서 벗어난 근대사회의 개인은 혼자고 자유롭지만, 이전과는 다른 방식으로 안전을 도모해야 하는 과제에 직면했다. 그러려면 자발적인 사랑이나 생산적인 일을 통해 자신과 세계를 결합하거나 자신의 자유와 자신의 본래 모습을 유지해야 한다. 그렇지 않으면 고독감과 무력감과 두려움을 이기지 못하기 때문이다.

그런데 근대인은 자발적 관계 맺기를 통해 진정한 자유를 추구하는 대신 새로운 구속의 주체에 복종하는 길을 택했다. 에리히 프롬은 고독감과 무력감으로 불안해할 때 누군가 개인의 자유를 박탈하더라도 불안을 없애준다고 약속하면 자유에서 벗어나 그 관계 속으로 도피하거나 복종으로 도피하는 강력한 경향이 생겨난다고 보았다. 나치에 대한 열광적인 지지를 보낸 독일 중산층이 주로 그런 경향을 보였다.

무엇으로부터의 자유는 얻었지만 무엇을 위한 자유는 얻지 못한 상태, 이는 곧 〈처음 만나는 자유〉에서 데이지와 리사가 병원을 나온 직후 느꼈던 상태다. 에리히 프롬이 파악한 20세기 초의 근대 세계가 바로 데이지나 리사의 세계였다. 그래서 근대의 사회체제는 개인을 발달시켰지만 개인을 더욱 무력하게 만들었고, 자유를 증대시켰지만 새로운 종류의 의존을 낳았다. 이는 마치 데이지나 리사가 마침내 병원에서 벗어나 겉으로는 자유로워지는 데 성공했지만, 아버지나 마약·매춘에 의존하게 된 사정을 잘 설명해준다. 이는 착실히 심리상담과 치료를 받고 일기 쓰기로 내면을 정리하면서 자발적인 관계 맺기를 시도하며 적극적 자유를 추구한 수잔나와 대비된다.

하지만 리사와 데이지는 자신들이 자유로운 존재라고 착각한다. 이것이 바로 소극적인 자유와 적극적인 자유의 불균형 상태다. 중세의 교회나 신분이 갖는 권위가 국가와 여론과 시장의 권위로 바뀌면서 자신이 누리고 있는 자유가 소극적 자유, 나아가 거짓 자유임을 모르는 근대인들에게 프롬은 이렇게 말한다.

우리는 노골적인 형태의 낡은 권위로부터 우리 자신을 해방시켰기 때문에 우리가 새로운 권위의 먹이가 된 것을 깨닫지 못하고 있다. 우리는 자기 의지를 가진 개인이라는 환상 속에서 살고 있는 자동인형이 되어버렸다. (중략) 자기가 살고 있는 세계와의 진정한 관계를 잃어버렸다. 그 세계에서는 모든 사람과 사물이 도구화되었고, 그는 자기 손으로 만든 기계의 일부가 되어버렸다.

프롬에 따르면 근대인은 결국 이런 과정을 통해 자발성과 개성을 포기하고 자아를 상실함으로써 순응과 안정을 얻은 자동인형에 지나지 않게 되었고, 결국에는 전체주의의 거대한 권위에 복종함으로써 파국을 맞게 되었다. 이는 마치 리사와 데이지가 외부의 개입(데이지에 대한 리사의 비판, 리사에 대한 수잔나의 조언)이 있기 전까지, 소극적 자유와 적극적 자유 사이에 점점 커지던 불균형이 결국 자살과 참회를 계기로 파국을 맞는 상황을 연상케 한다.

적극적 자유를 찾아서

『자유로부터의 도피』는 우울하고 비판적인 내용만을 전하지는 않는다. 이 책은 "자유로우면서 외롭지 않은 상태, 비판적이지만 의심으로 가득 차지 않을 수 있는 상태, 독립적이지만 인류의 의미 있는 구성원이 되는 상태, 자신의 자아를 실현하고 자기 자신이 됨으로써 적극적인 자유를 얻을 수 있다"라고 분명히 밝히고 있다. 이처럼 자발성(또는 자발적 활동)이 자유라는 문제의 해답이 될 수 있는 이유는, 자발성이야말로 인간의 본래 모습을 희생하지 않고 고독의 공포를 극복할 방법이라고 보기 때문이다. 그런데 주목할 대목은 자발성을 이루는 가장 중요한 요소로 사랑을 들고 있다는 점이다.

> 사랑은 자발성을 이루는 가장 중요한 요소다. (중략) 다른 사람을 자발적으로 긍정하는 것으로서의 사랑, 개체적 자아를 보존하는 것을 토대로 하여 그 개인을 다른 사람과 결합시키는 것으로서의 사랑이다. 사랑의 동적인 성질은 바로 이 양극성에 있다. 사랑은 분리를 극복하고 싶은 욕구에서 생겨나 완전한 일체로 이어진다. (중략) 사랑은 창조행위를 통해 자연과 하나가 되는 창조로서의 일이다.

적극적 자유를 얻을 수 있게 해주는 자발성, 자발성을 이루는 가장 중요한 요소인 사랑, 사랑을 통한 자아의 보존과 타인과의 결합, 이런 관계 맺기를 통한 창조 행위……, 다소 관념적이기는 해도 나는 이 같은 키워드들을 음미하면서, 자유라는 이름에서 이전과는 달리 무거운 책임감과 함께 따뜻한 인간미를 느꼈다. 그것은 '쇼핑의 자유'에서 연상되는바, 넘쳐나는 상품들과 화려한 디스플레이로 만나는 감정이 결코 아닐 것이다. 그것은 아마도 수잔나가 병원을 나오면서 어려운 시기를 함께 겪은 동료들이나 직원들과 서로 포옹하고 격려하면서 생기는 따뜻하고 벅찬 감정일 것이다.

근대는 무엇으로부터의 자유는 주었지만, 무엇을 위한 자유는 주지 않았다. 그 불균형을 틈타서 새로운 구속과 강제가 자유의 이름으로 사람들을 현혹하고 있다. 온갖 자유가 만발하고 있는 듯한 지금, 누구든 각자 스스로에게 진지하게 물어보아야 한다. 내가 누리는 자유는 과연 자발성과 사랑의 결과인가?

공화주의를 물리친
자유주의

결혼하지 않겠다는 국민이 점점 늘어나고 있다고 한다. 2018년 11월, 결혼을 꼭 해야 한다고 생각하는 비율이 처음 50퍼센트 아래로 떨어졌다는 통계청 사회조사 결과가 발표되었다. 바로 그다음 달에는 비혼 문제를 다룬 시사교양 프로그램이 방영되어 주목받기도 했다. 바로 〈SBS 스페셜 '결혼은 사양할게요'〉라는 프로그램이다. 나는 이 프로그램에서 청년들이 말하는 비혼의 이유를 들으며, 그들의 비혼 의사에 깊이 영향을 미치는 요소는 그들 특유의 '자유관'임을 파악할 수 있었다. 다시 말해 비혼 의사를 가진 청년들의 자유에 대한 관점은 기성세대를 비롯해 결혼을 당연시하는 사람들의 자유에 대한 관점과 상당히 다르며, 이런 차이가 결국 비혼 인구의 증가로 이어졌을 것으로 생각한다.

1장 | 자유주의의 배반

그들은 왜 결혼하려 하지 않을까?

한 청년은 이렇게 말했다. "(결혼하면) 배우자로서의 역할, 며느리로서의 역할, 무슨 역할 무슨 역할 무슨 역할……, 내가 원하지 않은 수많은 역할이 갑자기 생겨나고……." 이 말은 곧 자신이 스스로 선택하지 않은 역할을 받아들일 수 없기에 결혼을 부정적으로 본다는 얘기다. 또 한 청년은 이렇게 말했다. "결혼은 표준화? 그런 느낌이 들어요. 공장이 있고 컨베이어벨트가 있는데 그 안에서 거쳐야 하는 공정이 있고 (결혼이) 그중에 하나라는 느낌이 들어요. 그래서 결혼을 하는 건 이 사회가 불량품이 아니라고 승인해주는 과정 중 하나인 것 같고……." 그 청년은 결혼을 개인의 자발적인 선택이 보장된 제도가 아니라 사회가 일방적으로 규정한 강제 시스템으로 파악하고 있었다.

또 다른 청년은 이렇게 말했다. "지금은 우리 사회가 원하는 사람과 살 수 있는 형태를 결혼밖에 준비해놓지 않았기 때문에 결혼이 굉장히 중요한 사건이 되고 그 제도 안에 들어갈 수 없는 사람들이 배제가 되고 소외가 되고 있는데, 결혼 이외에 다양한 선택지가 생겨서 결혼이어도 좋고 결혼이 아니어도 좋은, 각 선택지가 평등해지는 순간을 저는 기대하고 또 추구하는 거죠." 이 청년은 비혼이든 동성혼이든 동거든 결혼과 관련된 어떤 선택도 차별 없이 존중받기를 바라고 있었다.

그렇다면 이에 대해 그들의 부모인 기성세대는 어떤 반응을 보일까? 마침 이 프로그램에는 비혼을 주장하는 딸과 결혼을 강권하는 아버지가 대화하는 장면이 나온다. 이 대화는 전혀 준비되지 않은 상태에서 갑작스럽게 자녀의 비혼 의사를 접한 기성세대의 당혹감을 여실히 보여준다.

> 아버지: 결혼하면 떠나는 게 아니라 가족을 만들어서 자식을 만들어주고 손자를 만들어주니까 더 행복하게 만들어주는 거지, 가족을…….
> 딸: 근데 나는 아빠 행복하게 해주려고 결혼하는 게 아닌데?
> 아버지: 나를 행복하게 해주는 게 아니라, 그게 기본이라는 거지. 사람이 사는 기본이라는 거지.
> 딸: 그럼 아빠, 만약에 내가 한 오십까지 결혼을 안 하면 어떻게 할 거야?
> 아버지: 그거는 있을 수가 없지. 결혼은 선택의 여지가 없는 거야. 결혼은 필수야.
> 딸: 아빠, 결혼이 어떻게 필수야?
> 아버지: 결혼이 필수지. 다 하게 되어 있다니까, 사람은…….

이 프로그램에서 비혼을 지지하는 청년들의 견해를 요약하면, 결혼 문제와 관련해서 한 개인이 자발적으로 선택할 수 있는 자유가 충분히 보장되어야 한다는 것이다. 결혼을 강권하는 아버지의 견해는, 다소 거칠고 강압적인 말투를 다듬어 진의를 살려 해석해

보면, 누구나 개인이기 이전에 가족의 구성원이므로 가족이라는 공동체에 참여해서 행복이라는 공동선을 함께 실현해가야 할 의무를 진다는 것이다. 한마디로 앞의 대화는 개인의 자발적인 선택의 자유를 보장하라는 요구와 공동체 구성원으로서 공동선에 참여하라는 요구 간의 대립을 보여주는 흥미로운 텍스트인 셈이다.

자유주의적 자유에서 공화주의적 자유로

그런데 신기하게도 이런 대립은 마이클 샌델이 말한 '자유주의적 자유' 대 '공화주의적 자유'의 대립과 절묘하게 닮아 있다. 샌델은 『당신이 모르는 민주주의』(2023)에서 미국 역사를 이 두 가지 자유의 대립양상을 통해 설명하고 있다. 말하자면 샌델의 관점에서 '자유주의적 자유'와 '공화주의적 자유'는 미국 민주주의 역사를 이루는 두 개의 기둥인 셈이다. 『당신이 모르는 민주주의』는 "Democracy's Discontent" 개정판(2022)의 한국어 번역본이며, 1998년에 나온 이 책의 영문 초판은 2012년 『민주주의의 불만』이라는 제목으로 번역·출간된 바 있다.

샌델에 따르면 미국 민주주의 역사 초기에는 공화주의적 자유관이 우세했고, 19세기 후반에서 20세기를 넘어가는 시기에 두 가지 자유관이 치열하게 경쟁하다가, 20세기 중반 이후 자유주의적 자유관이 승리한 다음 지금껏 권력을 장악하고 있다. 요컨대 미국

민주주의 역사는 자유주의적 자유관이 공화주의적 자유관을 밀어내는 과정이었다. 이 책을 따라가며 이 두 가지 자유관을 더 자세히 살펴보기로 하자.

자유주의 이론에서 자유는 개인이 자기 가치관과 목적을 자발적으로 선택할 수 있다는 발상이 중심이며, 공화주의 이론에서 자유는 시민의 자치 참여 여부에 달려 있다는 발상이 중심이 된다. 자유주의적 자유관에 따르면, 자유는 자신의 가치관과 목적을 선택하는 개인의 역량에 달렸다. 반면 공화주의적 자유관에 따르면, 좋은 삶의 실현이 중요하며 좋은 삶을 위해서는 동료 시민들과 함께 공동선을 생각하고 공동체의 운명을 함께 만들어간다는 자치自治 의식이 필요하다. 자유는 자치에 참여하는 과정에서 생기는 가치 또는 감정이다. 이를 위해서는 공적인 일에 대한 지식, 공동체 소속감, 전체를 생각하는 관심, 도덕적 유대감 등의 능력이 필요하다. 따라서 어떤 시민이 자치에 참여하려면 특정한 인격적 특성이나 시민적 소양과 덕목을 갖추어야 한다. 이 때문에 공화주의적 자유관은 자유주의적 자유관과는 달리 자치에 필요한 소양과 덕목을 시민에게 적극적으로 심어주는 행위가 요구된다. 샌델은 그 행위를 '형성적 정치formative politics'라고 표현한다. 자유주의적 자유는 자발적 선택을 중시하므로 자발주의적 자유라고도 하며, 공화주의적 자유는 시민의 자치 참여와 덕성이 중시되므로 시민적 자유라고도 한다.

1776년 독립선언을 전후한 미국 혁명의 시기에는 공화주의가

벤저민 프랭클린
Benjamin Franklin

단연 우세했다. 미국 건국의 아버지이며 2대 대통령인 존 애덤스는 "사람들의 마음속에 확립된 공공선 그리고 공공의 명예와 권력과 영광을 향한 적극적 열정이 있어야 한다. 그렇지 않으면 공화주의 정부도 있을 수 없고 진정한 자유도 있을 수 없다"라며 "위대한 정치가는 사람들 사이에서 보이는 어리석음과 악덕을 없애고 자기가 바라는 미덕과 역량을 사람들에게 심어줘야 한다"라고 강조했다. 역시 건국의 아버지이며 계몽사상가인 벤저민 프랭클린은 "오로지 적절한 소양을 갖춘 도덕적 사람만 자유를 누릴 역량을 갖는다"라고 말했다. 그리고 미국의 독립은 영국과의 단절을 넘어 도덕적 재생의 원천이 되어야 하며, 독립혁명의 목표는 부패를 막고 미국인이 공화주의 정부에 적합하도록 도덕적 정신을 갖추게 만드는 것임을 분명히 했다.

이 같은 공화주의적 이상은 다소 흔들리기도 했지만, 1787년 제정된 헌법에 그 정신이 반영되었다. 삼권분립, 연방정부와 주정부의 분리, 상원과 하원 양원제, 대통령과 상원의원의 간접선거, 배심원제 등은 시민적 덕목에 덜 의존하고도 공화주의 정부가 제대로 작동하도록 마련된 제도적 장치들이었다고 한다.

'자유노동과 임금노동 논쟁' 그리고 '체인점 금지운동'

하지만 공화주의적(시민적) 자유관은 자유주의적(자발주의적) 자유관과 치른 몇 차례 큰 전쟁에서 참담하게 패한 뒤 미국 민주주의 역사에서 점차 영향력을 잃어갔다. 샌델은 그 큰 전쟁에 해당하는 여러 가지 사건을 소개하고 있으나 여기서는 '자유노동과 임금노동 논쟁' 그리고 '체인점 금지운동' 두 가지만 살펴보자.

19세기 후반의 '자유노동과 임금노동 논쟁'은 임금노동, 즉 임금을 받을 목적으로 수행하는 노동이 과연 자유라는 개념에 부합하느냐는 문제를 둘러싸고 벌어진 논쟁이었다. 자유노동이란 넓게는 자발적인 동의하에 이루어지는 노동이라는 뜻이지만 공화주의적 관점에서는 자치에 적합한 덕목을 함양할 수 있는 조건에서 이루어지는 노동으로 해석되었다. 원래는 자발성과 자치 참여라는 명분으로 자유노동자로서 자부심이 컸던 장인과 도제들은 새로운 작업방식이 도입되자 아무런 통제력도 행사하지 못하는 임금노동자로 전락했다. 여기서 새로운 노동방식이란 전체 업무를 숙련이 필요 없는 작은 업무로 쪼갠 다음 여러 단순 노동자에게 나눠서 맡기는 방식을 말한다. 애덤 스미스가 자본주의의 장점으로 언급한 분업이 전통적인 장인과 도제들에게는 비수로 날아왔던 셈이다.

급진적 장인 공화주의의 이상을 가졌던 노동자들은 "자유로운 시민의 특성을 무기력하고 의존적이며 노예적인 것으로 바꿔놓으려고 의도한 것"이라며 새로운 변화에 저항했다. 이에 대해 임금노동 체계 옹호자들은 임금노동은 자발적인 계약의 산물이므로 자유노동이라고 주장했으며, 연방대법원도 임금노동이 합헌이라고 판결했다. 이로써 노동운동은 자유노동에 대한 시민적(공화주의적) 개념을 버리고 임금인상, 근로시간 단축, 근로조건 개선 등으로 방향을 바꿨다. 19세기에서 20세기로 넘어갈 무렵 벌어진 이 사건에 대해 샌델은 개혁의 역동적 전망이 자발적 이상으로 변하면서 시민적 이상이 붕괴했다며, 자발주의적 자유노동의 수용은 미국이 공화주의적 공공철학에서 벗어나 자유주의적 공공철학으로 전환하는 결정적 계기가 되었다고 해석한다.

자유관의 전환을 초래한 또 다른 중요한 사건은 실패로 끝난 '체인점 금지운동'이었다. 그런데 이 사건을 이해하려면 먼저 '소비자주의'의 등장을 알아둘 필요가 있다. 소비자주의는 처음에는 월터 웨일의 『새로운 민주주의New Democracy』(1912)라는 책에서 진보적 개혁의 한 노선으로 소개되었다고 한다. 이 책에서 웨일은 소비자들의 연대야말로 민주주의를 기대할 수 있는 최선의 희망이라고 보았다. 생산자는 다양한 직업으로 고도로 분화되어 있지만, 소비자는 분화되어 있지 않으며 생산자보다 압도적으로 많다는 것이 그 주된 이유였다. 그래서 그는 진보주의적 개혁이라는 대의 아래 소비자를 결집해서 정치 세력으로 만들 수 있다고 주장했다. 이에 따라 그는 가장 공정하고 효율적으로 소비자의 이익을 극대화할 방안을 모색했다.

하지만 샌델은 미국의 자유관이 생산자 중심에서 소비자 중심으로 전환한 이면에는 "개혁의 목표와 그 밑바탕에 깔린 민주주의의 전망이 바뀌었다는 사실이 반영되어 있었다"라고 꼬집는다. 공화주의 전통에서 생산자라는 정체성은 자치에 필요한 시민적 덕성의 함양과 밀접한 관계가 있으므로 그 정체성의 상실은 공화주의 자체의 기반을 뒤흔드는 결과를 초래한다는 이유에서였다. 공화주의 전통에서 소비라는 행위는 한층 더 높은 목적을 위해 절제하고 억제해야 할 대상이었으며, 과도한 소비는 시민적 덕목 상실의 척도였다. 결론적으로 소비자주의에 대해 샌델은 "소비자를 기반으로 하는 개혁으로의 전환은 공화주의 전통의 형성적 야망에서 벗어나는 전환이며, 시민의식의 정치경제학에서 벗어나는 전환이었다"라며 부정적으로 평가하고 있다.

공화주의적 자유는 회복될 수 있을까?

1차 세계대전(1914~1918) 이후 미국에는 체인점이 우후죽순처럼 성장하고 있었다. 1929년에는 전체 유통점 매출액의 20퍼센트, 식품점만 보면 40퍼센트를 체인점이 거둬들였다고 한다. 이에 따라 대공황으로 자영업자들이 심각한 경제적 고통을 겪는 상황에서 각 주의회의 주도로 체인점 성장을 막으려 했고 민간에서도 체인점 금지운동으로 호응했다.

체인점 반대론자들은 대개 공화주의적 관점에서 체인점이 경제 권력의 엄청난 집중을 불러일으켜 지역 공동체를 파괴하고 독립적 소상인의 지위를 훼손해 자치를 위협함으로써 결국 지역 공동체에 해악을 끼친다고 주장했다. 나중에 연방대법관이 된 한 상원의원은 "지금 운영되고 있는 체인 식료품점, 체인 포목점, 체인 의류점 등은 조만간에 통합돼 규모와 영향력을 점점 키워갈 것이다. (중략) 이렇게 되면 지역민과 지역 상인은 존재감을 잃고 사라질 것이며, 이 사람들로 구성된 공동체가 지역에서 독립적 사유가이자 행정가로서 수행하던 역할도 사라질 것이다"라며 체인점 금지를 주장했다.

그런데 1933년 연방대법원이 체인점 과세에 대해 일부 위헌판결을 내리면서 체인점 반대운동에 찬물을 끼얹었다. 이 판결은 체인점 옹호자들의 논거인 '소비자 복지'에 기반을 둔 것이었다. 그들은 독립 소매상이 공화주의적 덕목을 구현한다는 발상은 실제 사실과 맞지 않는 감성적 차원의 착각일 뿐이라고 반박하면서, "세 블록에 자리를 잡고 있는 여섯 곳의 식료품점, 비좁고 지저분한 정육점들, 살림집이 딸려 있는 작은 소매점, 문을 열고 들어서면 코를 찌르는 음식냄새, 상품에 묻어 있는 파리똥 (중략) 이런 것들은 애써 지킬 만한 가치가 없다"라고 깎아내렸다.

또한 그들은 "소매점이 지역 공동체에서 수행해야 할 가장 우선적이고 또 가장 큰 의무는 소비자에게 혜택을 주는 것"이라며, 좋은 상품을 싼 가격에 판매함으로써 소비자 복지를 극대화하기 위해 존재한다고 밝혔다. 그들은 이렇게 소비자 복지를 명분으로 하는 자유주의적(자발주의적) 자유관을 분명히 했다. 결국 체인점 반대운동은 한 하원의원이 제안한 연방 체인점 과세법이 실패로 돌아가면서 1930년대 말에 소멸되고 말았다. 이로써 시민의식의 정치경제학은 점차 영향력을 상실해갔다. 마이클 샌델은 1930년대 후반은 경제논쟁의 주제가 자치에서 소비자 복지로 바뀌는 시점이었을 뿐만 아니라 경제정책에서도 1960년대 초에 절정에 달했던 성장과 분배정의의 정치학이 시민의식의 정치경제학을 대체하기 시작한 시점이었다고 분석한다.

앞에서도 말했듯이 공화주의적(시민적) 자유관에 따르면, 자유롭다는 의미는 자기 운명을 지배하는 정치 공동체에 참여하는 것, 즉 자치의 수행이다. 따라서 샌델은 시민적 자유관이 쇠퇴했다는 것은 곧 자기 삶을 지배하는 힘에 대한 통제력을 상실했다는 뜻으로 해석한다. 이는 상실감과 공포감의 증대로 이어지는 한편 민주

마이클 샌델
Michael J. Sandel

주의에 대한 불만도 고조시켰다는 것이 샌델의 입장이다. 나아가 그는 자발주의적(자유주의적) 자유관으로 흐름이 바뀐 것은 단순히 공화주의적(시민적) 자유관의 패배가 아니라 건국 시기에 형성된 드높은 미국적 이상들이 위축되고 자유 자체가 상실된 것으로까지 해석한다. 그리고 지난 수십 년간 개인의 권리와 혜택이 확대되었음에도 자기 삶을 지배하는 요소들에 대한 미국인의 통제력은 오히려 줄어들었다며 안타까워한다.

역설적이게도 자발주의적 자유관의 승리는 개인의 통제력 또는 영향력이 점점 줄어드는 가운데서 나타났다. 자치 권한의 박탈감은 자유주의적 자아상과 현대의 사회경제적 삶의 조직화가 서로 크게 어긋나는 데서 비롯된다. (중략) 독립된 자아는 도덕적·공동체적 유대감의 울타리 안에서 보호받지 못하기 때문에 자기 혼자만의 힘으로 자신을 둘러싼 세상에 맞서야 한다. 따라서 세상에 압도되고 위축될 수밖에 없다.

샌델은 자발주의적 자유가 팽배한 20세기 후반 이후의 미국 사회를 이렇듯 박탈감·불안감·상실감·위축감이 일상화한 사회로 평가한다. 따라서 미국 정치는 시민의식의 정치경제학, 다시 말해 공화주의적 가치를 오늘날에 적합하게 되살려야 한다고 거듭 강조한다.

자유주의,
국가주의와 손잡다

2022년 대한민국 대통령 선거에서
정치 경험이 일천한 한 국가주의자가 48퍼센트의 득표율로 대통
령으로 뽑혔다. 하지만 48퍼센트의 한국인만 그를 선택했다고 말
하는 것은 역사의 문법이 아니다. 아무리 37퍼센트라는 낮은 득표
율을 기록했더라도 '1987년의 한국인은 노태우를 선택했다'라고,
겨우 32퍼센트의 지지를 받았더라도 '1933년의 독일인은 히틀러
를 선택했다'라고 역사는 기록하는 법이다. 따라서 '2022년의 한
국인은 대통령으로 그를 선택했다'라고 말해야 옳겠다.

그런데 취임 초부터 그의 지지율은 바닥을 기고 있다. 국민들은
그를 지지하지 않는 주된 이유로 '자질 부족'을 꼽았다. 대통령 경
선 과정에서 여러 차례 확인된 사실들만으로도 그의 자질 부족은
충분히 예상되는 일이었다. 그런데도 도대체 왜 2022년의 한국인

은 그를 5년 임기의 대통령으로 뽑았고 그 일당을 집권당으로 선택했을까? 이 의문에 대한 답을 주는 책이 있다. 바로 미국의 정치학자 패트릭 드닌의 『왜 자유주의는 실패했는가 *Why Liberalism Failed*』이다.

"자유주의는 성공했기 때문에 실패했다"

근대 이후 역사의 전면에 등장한 자유주의가 결국 실패할 수밖에 없었던 이유를 밝히는 게 이 책의 주된 내용이다. 지금도 많은 사람이 신봉하는 자유주의를 두고 '실패했다failed'고 단정하는 제목부터가 매우 도발적이다.

　18세기 말부터 형성된 근대의 자유주의는 개인의 욕망을 제한하는 사회규범을 해체하고 기성의 권위에서 인간을 해방하며 자연에 대한 지배를 확대하고 즉각적인 만족을 추구할 수 있게 해준 부르주아 계급의 이념이었다. 바꿔 말하면 자유주의는 인간을 전근대적 속박에서 해방시킴으로써 자본주의와 현대 민주주의의 근간이 된 사상이었다. 하지만 결국 자유주의는 정치적으로는 새로운 귀족정과 관료제, 경제적으로는 심각한 불평등, 사회적으로는 능력주의, 생태적으로는 환경파괴를 낳는 등 전 분야에서 위기를 초래했다고 드닌은 진단한다.

　개인은 시장을 통해 자유를 어느 정도까지 증대시킬 수 있었지

패트릭 드닌
Patrick Deneen

만, 모든 개인이 자신의 자유를 무한대로 증대시킬 수는 없었다. 그 한계 앞에서 자유의 한도를 정하는 권위가 필연적으로 요구되었는데, 그 역할을 바로 국가가 맡게 되었다. 다시 말해 국가만이 자유를 제한하는 유일한 주체가 될 수 있었으므로 "자유주의는 결국 '해방된 개인'과 '통제하는 국가'라는 존재론적 요소에 도달했다"라고 드닌은 파악한다. "자유주의의 철학과 실천에서 생겨나는 개인주의는 점점 더 중앙 집권화되는 국가에 근본적으로 반대하기는커녕 그런 국가를 필요로 하고 실은 국가의 권력을 증대한다." 드닌은 이렇게 분석하면서 자유주의의 확대는 반드시 국가주의의 확대를 동반하게 되며, 결국에는 국가와 시장이 동맹을 맺게 된다는 결론에 이른다. 여기서 국가를 강력한 법치의 다른 이름이라고 보아도 좋다.

이처럼 자유주의는 인간을 구속에서 해방시켜 유례없는 풍요를 가져왔지만, 그 대가로 위에서 말한 위기들에 인간을 속박시켜 결국에는 실패로 귀결되었다. 패트릭 드닌은 이를 한마디로 "자유주의는 성공했기 때문에 실패했다"라는 역설로 표현한다.

드닌은 실패한 자유주의에서 벗어나는 세 가지 방법으로 공동체적인 문화의 유지, 자치의 강화, 자유 학예liberal arts('인문학'으로도 번역됨)의 강화를 꼽으며 이 책을 마무리하지만 비판의 풍부함에 비해 대안 제시는 좀 소략한 편이다.

자유주의와 국가주의의 결합으로 생겨날 문제들

한국의 자유주의자들은 국가주의자를 대통령으로 선택했다. 이는 곧 자유의 확대를 위해 국가(혹은 강력한 법치)의 강화를 선택한 것이다. 여기서 자유의 확대란 곧 개인의 이익과 욕망의 확대를 말한다. 따라서 그들이 국가주의자를 자신들의 요구를 충족시킬 적임자로 고른 것은 너무나 당연한 결과다. 그들의 선택과정에서 후보의 개인적 역량과 자질은 아무런 고려사항이 되지 못했다. 그가 대통령이 되고 나서 연설할 때마다 자유를 수십 번씩 외치는 이유는, 자신이 국가주의자임을 숨기기 위해서이기도 하겠지만 무엇보다 자유주의자들의 지지를 지키기 위한 일종의 전술로 보인다.

그렇게 그들은 국가주의와 손잡고 자유주의의 성공을 도모할 것이다. 하지만 이 책의 설명에 따르면 그럴수록 실패의 악순환에 빠져들게 된다. 문제는 자유주의의 실패가 그들 각 개인의 이익과 욕망이 제한되는 선에서 끝나지 않는다는 데 있다. 앞에서도 말했 듯 자유주의의 실패로 정치적으로는 귀족정과 관료제의 강화, 경제적으로는 불평등의 확대, 사회적으로는 능력주의의 만연, 생태적으로는 환경파괴의 가속화 등 전 분야의 위기가 더 심각해질 것이다. 다 함께 지켜야 할 공동선의 가치들이 갈수록 위험해질 것이라는 얘기다.

자유주의의 반대편에 공화주의가 있다. 우리나라 헌법 1조 1항 "대한민국은 민주공화국이다"라는 조항을 입에 달고 사는 정치인들조차 '공화'의 진정한 의미가 무엇인지 잘 모르는 듯하다. 흔히 2항에 나오는 "모든 권력은 국민으로부터 나온다"라는 문장을 공화의 정신을 대변하는 표현으로 거론하지만, 사실 이는 공화가 아니라 인민 주권론, 즉 민주주의의 다른 표현일 뿐이다. 공화/공화국/공화주의에 관한 논의가 제대로 이루어지지 못하는 이유 중에는 그 용어의 긍정적 사용이 제한되거나 금기시된 측면도 있다. 북한에서 자신의 나라를 '공화국'으로 지칭하고 남한에서는 '제5공화국'이니 '삼성공화국'이니 '검찰공화국'이니 하는 식으로 그 용어가 대개는 부정적 의미로 쓰이는 탓이다. 중도 사퇴한 어느 대통령 후보의 슬로건은 '기득권 공화국에서 기회의 나라로'였다.

공화주의는 개인의 이익과 욕망의 추구가 아니라 공동선, 자치,

관용과 절제, 시민의 미덕을 중시하는 정신이다. 이제는 유효기간
이 지난 듯하지만, 19세기 프랑스의 정치학자 알렉시스 드 토크빌
Alexis de Tocqueville이 『미국의 민주주의』에서 격찬한 건국 초기 미국
이 추구한 정신도 공화주의였다. 자유주의는 되레 배격되었다. 로
버트 달Robert Dahl의 『미국 헌법과 민주주의』에 따르면, 상하 양원
제, 선거인단 투표, 의회 중심주의, 배심원제 등에 공화주의의 정신
이 담겨 있다고 한다. 이것들은 지금까지 미국 민주주의의 빛나는
상징으로 남아 있다.

기본소득, 지방분권, 토론을 통한 문제 해결, 통합과 협치를 강
조하고 실천하는 정치인이라면 그는 공화주의자일 가능성이 크
다. 그의 정책에 열렬한 지지를 보낸 일반인과 전문가 그룹은 공화
주의 세력이다. 공화주의라는 용어가 위에서 말한 이유로 금기시
되거나 제한적으로 쓰이다 보니 공개적으로 그렇게 명명되지 않았
을 뿐이다. 이렇게 보면 2022년 대통령 선거는 진보 후보가 보수
후보에 패한 선거가 아니라 공화주의 세력이 국가주의자와 손잡
은 자유주의 세력에 패한 선거였다고 볼 수 있다.

강제를 자유로 착각하는
바보들에게

　　　　　　　　　사람들은 대개 남의 철학을 연구해
서 소개하는 인물을 철학자라고 부른다. 그런데 진정한 철학자라
면 현실의 문제에 대한 자기만의 철학을 펼치는 일을 본분으로 삼
아야 한다고 생각한다. 그런 의미에서 한병철 교수는 진정한 철학
자다. 그는 신자유주의를 저격하는 일을 자기 철학의 주제로 삼는
다. 나는 그동안 『피로사회』를 시작으로, 일관되지만 다양한 각도
에서 신자유주의를 저격해온 그의 책들을 탐독해왔다. 2021년 그
는 『리추얼의 종말』이라는 신무기를 선보였다. 이 책에서 신자유
주의의 급소를 찌르는 필살기는 무엇일까 궁금해 하면서 울창한
사유의 숲을 헤쳤다. 좀 어려워진 듯하면서도 더욱 무르익은 그만
의 철학을 다시 접할 수 있어 기뻤다.

생산·소통·성과·진정성을 강제하는 신자유주의

한병철은『피로사회』에서 신자유주의의 특징으로 '자기 착취'라는 섬뜩한 용어를 제시했다. 이번엔 '생산·소통·성과·진정성 강제'라는 도발적인 용어를 등장시켜 신자유주의를 해부한다.

오늘날 디지털 소통은 점점 더 공동체 없는 소통으로 발전하고 있다. 신자유주의 체제는 모든 각자를 자기 자신의 생산자로서 개별화함으로써 공동체 없는 소통을 강제한다. (중략) 오늘날 우리는 모든 곳에서 강박적으로 자기 자신을 드러낸다. 사회적 차원은 자기 생산(자기 과시)에 완전히 종속된다. 모든 각자는 더 많이 주목받기 위해 자기를 생산한다. 자기 생산의 강제는 공동체의 위기를 초래한다.

생산·소통·성과·진정성이 강제되었다고 하는 이유는, 그 욕구가 자발적 선택의 결과가 아니라 실은 신자유주의의 명령이라는 뜻이다. 신자유주의가 원하는 바를 자유의 이름으로 포장해서 자발적으로 행동하도록 사람들을 은밀히 조종한다는 얘기다. 신자유주의가 원하는 행위란 대개 순응적 노동과 과소비를 말한다. 이 책은 강제를 자유로 착각하면서 그렇게 알아서 기는 바보들에게 전하는 메시지인 셈이다.

사람들은 자기를 실현한다고 믿으면서 자유의지로 자기를 착취한

한병철
Byung-Chul Han

다. 진정성 숭배를 수단으로 삼아 신자유주의 체제는 인간 자체를 체제의 소유물로 만들고 그를 효율성이 더 높은 생산소生産所로 변신하게 만든다. 그렇게 인간 전체가 생산과정의 부품이 된다.

신자유주의 아래에서는 맺음과 휴식이 사라지고 추가와 새로움이 끝없이 부과된다는 지적도 통렬하다. 휴식과 여가가 소비라는 이름의 노동이 된다는 말과 일맥상통한다.

밀려드는 이미지와 정보는 눈 감기를 불가능하게 만든다. 맺음의 부정성이 없을 때 일어나는 일은 끝없는 덧셈과 축적, 긍정성의 과잉, 정보와 소통의 비만한 번성이다. 끝없는 접속 가능성이 있는 공간에서는 끝맺음이 불가능하다.

"열심히 일한 당신, 떠나라"라는 슬로건을 내세운 신용카드 광고를 떠올려보자. 우리는 이 광고가 휴식과 여가를 소비라는 이름의 또 다른 노동으로 이어지게 만드는 자본의 명령이었음을 진즉에 알았어야 했다. 한병철은 이 현상을 "이는 자본과 상품과 정보의 순환을 가속하기 위해서"라고 서슴지 않고 진단한다. 그 결과 사람들은 더 많은 시간과 공간을 생산하려 노력하면서 공간과 시간을 상실하는 무한한 악순환 속으로 빠져들게 된다고 단언한다.

리추얼과 강한 놀이의 회복을 위하여

한병철은 이처럼 삶의 시간이 노동시간과 완전히 일치하면 삶 자체가 극단적으로 덧없어진다고 우려하면서, 이를 극복하기 위해 리추얼ritual(대개 의례라고 번역되는 단어)과 '강한 놀이'를 회복해야 한다고 제안한다. 여기서 강한 놀이란 삶 자체를 건 놀이라는 뜻이며 생산의 논리에 부합하는 '약한 놀이'와 대비되는 개념이다.

생산 및 성과의 강제가 심해지는 상황에서, 정치적 과제 하나는 삶을 다른 용도로 사용하는 것, 놀이처럼 사용하는 것이다. 삶이 외적인 목적에 종속되지 않고 삶 자신과 관련 맺을 때 삶은 놀이의 성격을 되찾는다. 되찾아야 할 것은 관조적 휴식이다.

한병철은 부록으로 실린 대담에서, 리추얼을 강조한다고 해서 과거로 돌아가야 한다는 의미는 아니라고 밝힌다. 그러면서 "자아의 저편, 소망의 저편, 소비의 저편에서 이루어지며 공동체를 조성하는 새로운 형태의 공동행위들과 놀이들을 발명해야" 한다고 제안한다. 그러나 아쉽게도 구체적인 방법은 알려주지 않는다.

한병철의 책들이 으레 그렇지만, 이 책도 정보와 의미의 밀도가 높은 문장과 생경한 개념어들이 곳곳에서 편안한 읽기를 방해한다. 더 쉽고 편안한 번역은 불가능했을까 하는 아쉬움이 남는 것도 사실이다. 그래도 몇 가지 관문만 넘으면 이 책의 논지는 선명한 편이다. 그리고 나는 그 논지에 충분히 공감한다.

기표 중심의 세상은 좋은 세상일까?

그런데 공감할 수 없는 대목이 한 군데 있었다. 바로 '기호의 제국'이라는 이름의 장이다. '기호의 제국'은 1960~1970년대에 활동한 프랑스의 기호학자 롤랑 바르트(1915-1980)가 일본 문화를 기호학적으로 해석한 책의 제목이기도 하다. 한병철은 이 장에서 실제로 바르트 책의 내용과 접근방식을 적극적으로 활용하고 있다.

한병철은 "기호 곧 기표가 의미 곧 기의에 흡수되면, 언어는 모든 마법과 광채를 잃는다", "언어의 기능화 및 정보화의 심화는 기표의 과잉, 기표의 넘쳐흐름을 침식한다. 그리하여 언어는 탈마법화한다", "오늘날 우리는 기의의 문화 속에 산다. 오늘날 기의는 형식을 외적인 것으로 간주하고 떨쳐낸다. 기의의 문화는 향유와 형식에 절대적이다" 등의 단정적 표현을 통해 기의보다 기표가 중시되는 문화를 옹호한다. 나아가 "기표가 절대적으로 우선되는 공허의 예식은 자본주의적 상품경제를 끝장낸다"라고까지 주장한다.

하지만 이는 기표 중심의 후기 자본주의 사회(포스트모던 사회나 소비사회라고도 함)를 비판한 장 보드리야르(1929-2007)의 견해와 완전히 상반되는 입장이다. 보드리야르는 『시뮬라시옹 *Simulacres et Simulation*』에서 오늘날 자본은 인위적인 사실성을 주입하려고 한다며 이것은 "사실성의 기호들만을 증폭시키며 시뮬라시옹의 유희를 가속화할 따름"이라고 지적한 바 있다. 그는 기호 곧 기표의 폭증으로 기의를 만나지 못한 기표들이 이미지가 되는 현상이 포스트모던 사회(소비사회)의 특징이라고 본다. 그런 기표 곧 이미지는 소비를 유도하는 강력한 무기가 된다. 보드리야르와 한병철 간의 이렇듯 극단적인 견해차를 어떻게 이해해야 할까? 난삽하기로 유명한 보드리야르를 내가 잘못 읽은 것일까? 아니면 한병철이 보드리야르를 무시하는 것일까?

글을 마무리하려는 순간 문득 또 한 가지 의문이 생겼다. 나는 이 글을 '생산'했고 '좋아요'와 '공유'와 '댓글' 등을 통해 널리 그리고 깊이 '소통'하기를 원한다. 이를 바탕으로 내 글쓰기의 이력

롤랑 바르트
Roland Barthes

에서 좋은 '성과'를 내기를 원한다. 또 한편으로는 내 글쓰기 행위가 나 나름의 신성함을 지켜주는 리추얼이자 내 삶 자체와 관련을 맺는 '강한 놀이'이기를 기대한다. 그렇다면 과연 내 글쓰기 행위에도 신자유주의의 논리에 따라 생산·소통·성과의 강제가 작동했다고 말할 수 있을까?

02

계몽주의의 배반

계몽이라 쓰고
야만이라 읽는다

계몽은
신화로 돌아간다

2차 세계대전이 한창일 무렵, 나치의 탄압을 피해 미국 캘리포니아에 머물던 두 유대인 학자가 있었다. 그들은 비슷한 시기에 같은 이유로 독일에서 미국으로 옮겨온 한 연구소에 소속된 동료 사이였다. 20세기 초까지 과학과 이성의 힘으로 무한히 성장하는 듯이 보였던 세계에서, 나치즘과 파시즘 그리고 스탈린주의라는 흉포한 정치체제 아래 무자비한 전쟁과 학살이 벌어지던 때였다. 그들은 그 과정을 조국 독일에서는 직접 겪었고 망명지 미국에서는 안타까운 마음으로 지켜보았다. 그리고 학자의 사명감에 동족에 대한 책임감이 더해져 "왜 인류는 진정한 인간적인 상태에 들어서기보다 새로운 종류의 야만 상태"에 빠졌는지를 밝히려 했다. 현대(근대)적 야만의 뿌리를 파헤치려는 그들의 공동 프로젝트는 그렇게 시작되었다.

드디어 1944년 5월 원고가 완성되었고, 전쟁이 끝나고 2년 뒤인 1947년 네덜란드 암스테르담에서 오랜 산고를 겪은 책이 출판되었다. 그 책이 바로 훗날 '인류 역사상 가장 어두운 책'이라는 별칭을 얻은 『계몽의 변증법』이다. 그 두 학자는 바로 비판이론의 본산 프랑크푸르트대학의 '사회연구소'를 대표하는 막스 호르크하이머(1895-1973)와 테어도어 아도르노(1903-1969)다.

『계몽의 변증법』이 말하는 계몽의 한계

아도르노와 호르크하이머가 쓴 『계몽의 변증법』을 읽어내기란 여간 어려운 일이 아니다. 사회학자 노명우 교수에 따르면, 호머의 서사시 『오디세이아』를 읽지 않은 사람, 칸트의 철학을 알지 못하는 사람, 독일 역사에 무지한 사람은 이 책을 읽으면서 당혹감을 느끼게 될 것이라고 한다. 또한 그는 이 책이 체계적인 저서가 아니라 단상들의 모음이라는 점, 상당수의 문장이 복문으로 얽히고설켜 있다는 점, 문단과 문단 사이가 인과적인 논리관계에 따라 배치되지 않았다는 점 등을 들며 보통의 독자가 섣불리 읽기 어렵다는 점도 알려준다. 그래서 나는 원저와 동일한 제목에 '야만으로 후퇴하는 현대'라는 부제가 붙은 그의 해설서를 길잡이 삼아 『계몽의 변증법』에 접근해보기로 했다.

계몽啓蒙, Enlightenment이란 신화의 어두운 세계에서 허덕이는 인

테오도어 아도르노
Theodor Adorno

류를 이성과 합리성의 빛으로 밝혀준다는 정신이었다. 종교·주술·마법의 신화적 사고와 결별하고 이성과 과학의 합리성으로 인류에게 진보와 행복을 가져다주겠다는 약속이었다. 계몽의 정신이 특별히 부각된 것은 18세기 유럽에서였다. 당시 볼테르나 루소 등이 전파한 계몽의 정신을 특별히 '계몽주의'라고 부른다. 계몽주의는 1789년 일어난 프랑스 대혁명의 사상적 기반이 되었을 만큼 근대 세계를 연 핵심 사상이다.

계몽의 세계는 무엇보다 먼저 신화의 세계와 대비된다. 노명우 교수에 따르면, 신화의 세계가 교환과 측정이 불가능한 질質의 세계라면 계몽의 세계는 교환과 측정이 가능한 양量의 세계다. 또한 계몽화는 혼란스러운 신화의 세계에 질서를 구축하는 과정이며,

계몽의 전개는 계산 가능성과 유용성의 척도에 들어맞지 않는 신화적 요소를 제거하는 과정이다. 또 계몽의 세계는 인간이 자연에 부속된 존재인 신화의 세계와는 반대로 인간이 자연을 지배하는 세계다. 이를 확장해서 두 공저자는 "계몽이 자연에 대해 취하는 행태는 독재자가 인간들에 대해 취하는 행태와 같다"라면서 사물을 언제나 지배의 대상으로 보는 태도가 바로 계몽의 정신이라고 했다. 그래서 저자들은 "이러한 계몽의 개념 자체가 당시 도처에서 일어나고 있는 퇴보의 싹을 함유하고 있다"고 확신했다. 따라서 계몽과 신화는 방향만 바뀌었을 뿐 지배와 억압의 관계가 존재한다는 점에서 같다고 해석할 수 있다.

계몽/계몽주의와 관련된 몇 가지 단어의 어원을 살펴보면 그 개념을 좀 더 명확히 알 수 있다. 먼저 합리성/합리주의를 영어로 'rationality/rationalism'이라고 하는데, 이 단어의 어근은 계산이나 수량을 뜻하는 라틴어 'ratio'다. 어떤 대상을 계산하고 수량을 헤아리는 일, 즉 계산 가능성이나 측정 가능성이 합리성의 핵심이라는 뜻이다. 측정에 쓰이는 자[尺]를 영어로 'ruler'라고 하는데, 이 단어는 '지배자'를 뜻하기도 한다. 또한 질서를 영어로 'order'라고 하는데, 이 단어는 '명령'을 뜻하기도 한다. 질서를 부여하고 수치로 정확히 측정하기 위해서는 주체 또는 지배자의 명령이 필요하다는 계몽의 원리가 그 단어들 속에 고스란히 들어 있다.

막스 호르크하이머
Max Horkheimer

계몽의 원리 속에 스며든 야만의 원리

18~19세기를 지나 20세기에도 계몽의 정신은 이성과 합리성과
과학을 통해 진보와 행복을 가져다주어야 옳은데, 인류는 왜 나치
즘·파시즘·스탈린주의 등 전체주의 체제와 두 차례의 참혹한 세
계대전, 그리고 유대인 대학살이라는 야만의 길로 접어들었을까?
이것이 바로 저자들이 지닌 최초의 문제의식이었다. 그리고 그들은
그 원인을 계몽과 계몽주의 자체에서 찾았다. 즉, 계몽과 계몽주
의가 실패해서가 아니라 앞에서 말한 것처럼 계몽의 원리 속에 야
만의 원리가 스며들어 있기 때문임을 꿰뚫어보았다. 야만은 신화
적 가치에 속하는 것으로, 그 핵심 원리는 가부장적인 억압과 지배

다. 따라서 계몽의 원리 속에 야만의 원리가 스며들어 있다는 것은 억압과 지배가 야만의 원리이면서 동시에 계몽의 원리라는 의미다. 저자들은 이를 "신화는 이미 계몽이다"와 "계몽은 신화로 돌아간다"라는 두 가지 명제로 정리한다.

노명우 교수에 따르면, 그들은 "신화는 이미 계몽이다"라는 명제를 통해 신화와 이성·합리성 사이의 날카로운 대립을 부정한다. 이는 곧 신화가 이성과 합리성이 등장하기 이전의 사유방식이고, 이성과 합리성이 신화를 극복한 사유방식이라는 근대적 해석방식을 거부한다는 것이다. 이는 탈신화했다는 사유체계인 계몽 역시 신화와 얽혀 있다는 뜻이다.

또한 그는 "계몽은 신화로 돌아간다"라는 명제를 통해, 계몽에 따른 진보가 실은 퇴행이라고 해석한다. 계몽은 자신이 신화의 비합리적 세계와 구별되는 합리적 세계를 구축한다고 주장하지만, 실은 계몽이 진행되면 될수록 단계마다 더욱더 깊이 신화 속으로 빠져들어 간다는 것이다. 나아가 그는 현대적 야만은 바로 신화의 모든 요소를 부수면 부술수록 계몽이 신화로 변절함을 보여주는 대표적인 사례라고 지적한다.

계몽의 원리를 실현한 '새마을운동'

새마을운동을 상징하는 〈새마을 노래〉 가사는 계몽의 세계를 엿

보게 해주는 매우 흥미로운 텍스트다. 1970년 시작된 '새마을운동'은 우리나라의 대표적 관 주도 농촌 계몽운동이었다. 1970년대에는 하루에도 몇 번씩 동네마다 이 노래가 울려 퍼졌다. 그런데 신기하게도 이 노래의 1절과 2절 가사에는 계몽의 원리가 고스란히 담겨 있다.

> 새벽종이 울렸네. 새 아침이 밝았네.
> 너도나도 일어나 새마을을 가꾸세. (1절)
> 초가집도 없애고 마을길도 넓히고
> 푸른 동산 만들어 알뜰살뜰 다듬세. (2절)

1절에서는 새벽종을 울리는 주체가 일찍 일어나 가꾸어야 할 대상들을 통제하는 상황이 펼쳐져 있다. 주체가 객체를 지배·통제·억압하는 태도는 바로 계몽의 세계에 스며들어 있는 원리다. 2절에서는 가난의 상징인 초가집과 좁고 제멋대로인 마을길을 넓히고 정비하는 모습을 보여준다. 여기에는 혼란스러운 세계에 질서를 구축하는 과정, 계산 가능성과 유용성의 척도에 들어맞지 않는 것을 제거하는 과정이 모두 담겨 있다. 이 역시 계몽의 원리다. 작사가로 알려진 당시 대통령 박정희는 과연 철저한 계몽주의자일 수밖에 없었다. 그는 일제하 사범학교와 군사학교에서 황국신민 양성 교육을 받으며 지배와 억압 따위의 계몽적 가치를 온몸으로 받아들였을 것이다.

『오디세이아』에서 확인된 계몽과 신화의 동질성

『계몽의 변증법』은 신화 속에 스며든 계몽의 원리를 보여주기 위해 고대 그리스의 시인 호머의 서사시『오디세이아』에 나오는 세이렌 에피소드를 인용한다. 그 줄거리를 요약하면 다음과 같다.

트로이 전쟁에 참여한 오디세우스는 임무를 완수하고 고향 이타카로 돌아가는 도중에 수많은 자연의 위험과 만난다. 그중에는 세이렌 자매의 유혹이 있다. 사이렌 자매는 아름다운 노래로 지나가는 사람을 유혹하는 요정들이다. 그들이 부르는 노래는 너무나 아름다워서 그 노래를 듣는 사람들은 모두 미쳐 물속에 빠지고 만다. 그런데 오디세우스 일행이 고향에 가려면 그들 자매가 노래를 부르는 곳을 지나가야 한다. 하지만 그녀들의 유혹에 빠지면 고향에 돌아가지 못하게 된다. 그때 키르케라는 마녀가 나타나 묘책을 알려준다. 뱃사공들의 귀를 밀랍으로 막아 노래를 못 듣게 하고 오디세우스 자신은 밧줄로 묶게 한 다음, 풀어달라고 애원해도 풀어주지 말도록 당부하라는 제안이었다. 오디세우스는 마녀의 제안을 그대로 따랐고, 그 결과 오디세우스 일행은 무사히 그곳을 지나 고향에 도착한다.

이 신화의 에피소드에 대한 아도르노와 호르크하이머의 해석은 놀랍다. 그들은 오디세우스가 계몽주의적 가치관을 지니는 전형적인 근대인이고, 오디세우스와 뱃사공들은 신화를 무력화시켜 계몽화하는 합리적인 인물이라고 해석한다. 또한 오디세우스가 자본주의적 시민사회의 지배계급이라면 뱃사공들은 피지배계급이고, 밀랍으로 귀를 막은 채 노를 젓는 뱃사공은 땀 흘려 노동하기 위해 쾌락을 억제하는 노동자와 같다고 해독한다. 이런 독특한 해석을 통해 "신화는 이미 계몽이다"와 "계몽은 신화로 돌아간다"라는 명제가 역설이나 수사가 아니라 사실임이 확인된다.

이렇게 해서 신화와 계몽은 서로 뒤섞이며 신화의 핵심 원리인 억압과 지배가 계몽의 원리에도 고스란히 옮겨간다. 이를 통해 신화와 계몽의 동질성이 확인되면서 "왜 인류는 진정한 인간적인 상태에 들어서기보다 새로운 종류의 야만 상태"에 빠졌는지에 관한 처음의 의문은 자연스럽게 해소된다.

계몽의 원리는 자연과 노동력의 수탈을 통한 엄청난 경제적 번영을 가져오는 한편, 인류의 가장 큰 당면과제인 불평등과 기후변화도 낳았다. 『계몽의 변증법』에 따라 추론한다면, 이는 계몽주의의 실패가 아니라 계몽주의의 성공에 따른 당연한 귀결이다. 그렇다면 근대는 성공했지만 몇 가지 부작용을 낳았다고 안이하게 말해서는 안 되고, 근대는 성공하기 위해 실패할 수밖에 없었다고 말해야 옳겠다.

카프카,
근대를 조롱하다

신화와 계몽이 결국 한통속이라는 것이 아도르노와 호르크하이머의 혜안이었다. 앞에서 살펴보았듯이 이들은『오디세이아』에 나오는 세이렌 에피소드를 통해 신화의 핵심 원리인 억압과 지배가 계몽의 원리에도 고스란히 옮겨갔음을 확인해주었다. 그런데 실은 이들보다 먼저 세이렌 에피소드를 통해 계몽의 원리를 비판한 사람이 있었으니, 바로 '체코 태생으로 독일어를 쓰는 유대인'이라는 복잡한 정체성을 지닌 소설가 프란츠 카프카(1883-1924)다.

카프카는「사이렌의 침묵」이라는 아주 짧은 소설에서 세이렌의 에피소드를 뒤집는다(세이렌과 사이렌은 siren을 표기하는 방법의 차이일 뿐 결국 같은 용어다). "오디세우스가 미리 귀를 막고 몸을 돛대에 묶어서 세이렌의 유혹을 피해 가려 했다"라는 이야기에 덧붙여, 오디세우스가 지나갈 때 실은 세이렌이 의도적으로 침묵하고 있었다는 놀라운 비밀을 알려준다. 오디세우스의 순진하지만 단호한 태도와 당당한 표정에 세이렌이 오히려 유혹당해서 침묵했다는 것이다. 그런데 카프카는 마지막 단락에서 이를 또 한 번 뒤집는다. 오디세우스는 세이렌의 침묵을 알고 있으면서도 짐짓 그들이 노래한다고 믿는 것처럼 행동했다는 것이다. 이렇듯 유혹이 지략으로 한 번 뒤집히고 속임이 '속아줌'으로 또 한 번 뒤집히면서 신화와 계몽의 경계는 더욱 모호해진다. 이에 대해 "계몽주의의 합리적 이성에 대한 믿음을 의문시하며 세상을 규정하는 힘과 질서로서의 이성에 대한 신뢰감에도 이의를 제기한다"라는 한 연구자의 해석이 내 관심을 끌었다.

『소송』에 나타난 느닷없음, 난데없음, 생뚱맞음의 의미

나는 카프카의 이런 근대 비판적 태도는 그의 장편소설 『소송』에서 더 선명하게 읽어낼 수 있다고 본다. 대학 시절 처음 읽을 당시 이 작품은 나에게 실존, 고독, 소외 따위의 음침한 단어들과 함께 다가왔다. 그리고 그것은 카프카의 작품 전체를 바라보는 통상적인 시각이기도 했다. 박홍규 교수의 『카프카, 권력과 맞서다』는 이런 해석에 강한 이의를 제기하는 평전이다. 박 교수는 원래 노동법 전공의 법학자이지만, 인문학 전반에 걸쳐 독창적인 목소리를 내는 다빈치형 학자이기도 하다.

박 교수는 이 책에서 카프카에 대한 국내외 평론들을 검토하면서 통상적인 해석은 불안과 고독, 소외와 부조리, 실존의 비애와 역설이었다고 지적한다. 하지만 그는 이것들만으로 카프카의 삶이나 글을 모두 설명할 수 없다며, 무엇보다도 카프카는 당대의 권력에 대해 가장 철저히 저항한 사람이었다고 강조한다. 나아가 권력에 대한 철저한 비판이라는 주제를 아나키즘과 연결시켜 카프카를 아나키스트로서 새롭게 자리매김한다. 나는 이런 시각을 대체로 받아들이면서도 『소송』에 관한 한 조금 더 깊이 들어갈 필요가 있다고 생각한다.

검색 엔진을 돌려보면 이 작품의 내용을 요약한 글들은 차고 넘친다. 하지만 내가 요약하는 방식은 그것들과 조금 다르다. "어느 날 느닷없이 체포되는 요제프 K는 무죄를 입증하기 위해 허둥거린다. 하지만 소송의 본질과 무관한 사건들과 난데없는 사람들을 생뚱맞은 장소에서 접하며 점점 끝 모를 늪으로 빠져들다가 결국 죽음을 맞이한다." 이 요약문에서 드러나듯이 소설 전편에 흐르는 정서는 느닷없음, 난데없음, 생뚱맞음이다. 그렇듯 예상치 못했던 일들이 근엄한 표정과 정중한 태도를 지닌 사람들의 개입으로 느닷없이, 난데없이, 생뚱맞게 연이어 벌어진다. "누군가 요제프 K를 중상 모략한 것이 틀림없다. 그는 특별한 잘못을 저지른 적도 없는데 어느 날 아침 느닷없이 체포되었다." 너무나 유명한 이 첫 문장에서부터 '느닷없이'라는 단어는 단연 눈길을 끈다.

프란츠 카프카
Franz Kafka

    이 소설 독해의 핵심은 한 사건의 구체적인 내용이나 한 인물의 세부적인 언행에 집착하지 말아야 한다는 점이다. 중요한 것은 개별 사건과 인물이 아니라 그 관계다. 사건과 사건은 인과관계로 연결되지 않고, 인물과 사물 또는 인물과 행위는 전혀 예상치 못한 방식으로 접속되며, 사건과 장소의 연결은 거듭해서 기대를 배반한다. 따라서 이 소설의 주제는 그 관계들이 끊임없이 어긋나고 있다는 데서 찾아야 한다. 구체적인 사건과 인물은 이른바 '텅 빈 기표'로서 불합리·비논리·소통 불능의 현상을 말해주는 도구일 뿐이다. K는 그 구도 속으로 끌려가고 소송은 그가 전혀 원하지 않는 방향으로 진행된다.

    몇 가지 사례를 들어보자. "K는 체포되었지만 직장인 은행에 출

근할 수 있었다"라는 에피소드에서는 체포라는 사건과 출근이라
는 사건이 난데없이 연결되어 있다. 강제 구금을 뜻하는 체포와 정
상적인 직장생활을 말해주는 출근은 합리적인 수준에서는 결코
공존할 수 없다. "예심판사가 읽었던 것은 재판 관련 서류가 아니
라 음란소설이었다"라는 에피소드에서는 인물과 사물이, "K의 법
률 자문을 맡아준 사람은 재판관의 초상화가였다"라는 에피소드
에서는 인물과 행위가 아무런 배경설명이나 전제조건 없이 관련을
맺고 있다. 다시 말해 판사와 음란소설, 초상화가와 법률 자문이
라는 전혀 무관해 보이는 두 요소가 느닷없이 접속되어 있다. 이 역
시 이성적으로 이해할 수 없는 상황이다. 재판이 전혀 뜻밖의 시간
에 전혀 뜻밖의 장소에서 열렸다는 에피소드에서는 사건과 장소
가 생뚱맞게 연결되어 있다. 창고로도 보이고 아파트로도 보이는
정체불명의 외딴 건물에서, 그것도 모든 공식적 업무가 멈추는 일
요일에 공개재판이 열린다는 것은 상식적으로 납득할 수 없는 생
뚱맞은 일이다. 『소송』은 이런 어긋남으로 가득하다.

카프카가 근대를 조롱하는 방식

이 소설을 읽어갈수록 사건과 사건의 난데없는 연결을, 인물과 사
물 또는 행위의 느닷없는 접속을, 사건과 장소의 생뚱맞은 연결을
유도하는 거대한 힘의 정체가 궁금해진다. 그 '보이지 않는 힘'은

도대체 무엇일까?

소설 속에서 그 힘은 아무도 거역할 수 없는 명령order이자 누구든 종속되어야 할 질서order로 굳건히 자리 잡고 있다. 하지만 그 힘은 조지 오웰의 『1984』에 나오는 '빅 브라더'처럼 체계적이고 조직적인 권력은 아니다. 저 스스로 굴러가는, 굴러가면서 가속을 받아 점점 더 빨라지고 강력해지는, 하지만 그 누구도 왜 그렇게 빨리 그 방향으로 가는지 알지 못한 채 자발적으로 동조하게 되는, 그래서 『1984』에서 주인공 윈스턴 스미스가 시도하는 것과 같은 저항을 불가능하게 만드는, 통제받거나 관리되기는커녕 오히려 진보나 발전의 이름으로 찬양받고 숭배되는 힘이다.

그 '보이지 않는 힘'의 실체를 규명하기 위해 나는 디자인학자이면서 이상 연구가인 김민수 교수의 견해를 참고하기로 했다. 김 교수는 『이상 평전』에서 카프카와 동시대를 산 이상(1910-1937)의 작품들을 시각예술의 차원에서 새롭고 독특하게 해석했다.

> 이상은 앞서 봤듯이 '식민지 도시근대화'의 허구와 모순에 맞서 이를 살해할 목적으로 시를 암호화했던 것이다. 그에게는 식민지 도시근대화의 생산자로서 이 사실을 시에 담아 비밀로 새기는 일 자체가 곧 짝퉁 근대의 살해 행위였던 것이다. (중략) 이상은 비밀리에 '모조 근대'의 암살을 작심하고 육중한 '건축' 대신에 '글과 이미지'라는 날렵한 표창을 선택해 막다른 골목으로 질주했던 것이다.

이상이 시를 쓰는 일은 '모조(짝통) 근대에 대한 살해 행위'였다는 것이 김 교수가 내린 도발적인 결론이었다. 소송은 근대의 산물인 법의 한 절차이고, 도로는 근대의 산물인 도시의 한 장치다. 그리고 '오감도'의 원 단어인 '조감도'는 근대의 산물인 건축의 한 요소다. 『소송』과 「오감도」 모두 근대라는 조건 위에서, 아직 근대에 적응하지 못한 주인공이 근대라는 보이지 않는 거대한 힘에 억압당하는 이야기를 담았다. 그렇다면 『소송』 속의 '보이지 않는 힘'은 「오감도」에 등장하는 공포에 떠는 '13인의 아해'를 막다른 도로로 질주하게 만든 힘과 결국 같다고 나는 생각한다. 다만 일본에서 근대를 이식받은 식민지 조선의 시인 이상에게 '보이지 않는 힘'이 짝통 근대였다면, 카프카에게 그것은 바로 근대 자체였을 것이다.

앞에서 살펴보았듯이 사건과 사건, 인물과 사물, 인물과 행위, 사건과 장소의 관계는 끊임없이 어긋난다. 카프카는 이런 설정을 통해 그 '보이지 않는 힘'인 근대가 신주 받들듯이 우러러 모시는 이성과 합리성을, 모든 것을 교환하고 측정하면서 인류가 무한히 진보하리라는 턱없는 믿음을, 그리고 근대의 제도들 속에서 행사되는 온갖 권력과 권위, 허울과 약속, 욕망과 유혹을 뒤흔들려고 했다. 이를 통해 근대를 오히려 불합리와 비논리와 소통 불능의 제도라고 말하려 했다. 다만 아직 근대의 전모를 알지 못하기에 정색해서 비판하기보다는 조롱하는 우회로를 택한 것으로 보인다.

요컨대 내가 이해하는 『소송』은 계몽주의·자본주의·대의민주

이상
李箱

주의·관료주의 같은 근대의 사상과 제도들을 모두 소송 과정으로 치환하고 고도의 상징을 동원해 이를 조롱한 작품이다. 느닷없음, 난데없음, 생뚱맞음은 근대가 전가의 보도처럼 휘두르는 이성과 합리성을 조롱하기 위해 동원된 독특한 미적 장치들이었다.

　카프카는 『소송』을 통해 근대인이란 이 힘에 눌려 불안과 공포 속에서 살아갈 수밖에 없는 존재임을 보여준다. 이 작품에는 근대가 인간을 근대인으로 길들이는, 또는 근대에 준비되지 않은 인간을 배제하는 방식이 담겨 있다. 결과적으로 카프카는 아도르노와 호르크하이머보다 30여 년 전에 이미 근대의 부정성을 일찌감치 간파한 셈이다. 그러니 『소송』은 소설로 미리 쓴 『계몽의 변증법』이라고 말할 수도 있겠다.

'미친놈'이라고
말할 자격

미쳤다는 표현이 들어간 제목의 우리나라 힙합 음악이 의외로 많다는 사실을 얼마 전에 알게 되었다. 검색해보니 요 몇 년간 '미친놈'에서 한 글자도 빼거나 보태지 않은 제목으로 노래를 발표한 아티스트가 보이그룹 스트레이키즈를 비롯해 다섯이나 되었다. 〈미쳤어〉나 〈내가 미쳤지〉라는 제목의 노래도 여럿 검색된다. 이들 노래의 가사를 살펴보면, "네가 미쳤으면 좋겠어/너는 마지막까지 미친놈이야"(샵건의 〈미친놈〉)나 "미친놈이었던 날/욕해도 좋아/맘껏 욕, 욕, 욕해"(스트레이키즈의 〈미친놈〉)와 같이 대체로 상대방을 대놓고 나무라거나 스스로를 심하게 학대하는 내용이 주조를 이룬다.

1970년대에 통기타 가수이자 싱어송라이터로 인기를 누렸던 이장희의 〈그건 너〉에도 미쳤다는 표현이 나온다. "어제는 비가 오는 종로 거리를/우산도 안 받고 혼자 걸었네/우연히 마주친 동창생 녀석이/너 '미쳤니' 하면서 껄껄 웃더군/그건 너 그건 너 바로 너 때문이야" 사람들은 예나 지금이나 상대방을 나무라거나 스스로를 책망할 때 미쳤다는 말을 자연스럽게 쓰는가 보다.

영화 〈히든 아이덴티티〉 속 광기의 비밀

대중가요에서야 상대를 미쳤다고 비난하더라도 특정인을 지목한 것도 아닌 데다 개인의 감정을 표현했을 뿐이니 문제 될 일은 없다. 하지만 한 개인이 미쳤는지 미치지 않았는지, 즉 광인狂人의 여부나 광기狂氣의 정도를 공식적으로 판단하고 결정하는 권한은 오래 전부터 대체로 국가나 국가의 위임을 받은 의료기관 또는 행정기관에 있었다. 우리나라의 경우 보건복지부 산하 국립정신건강센터 홈페이지에 들어가 보면, 비자의적(강제적) 입원방식은 지금도 유지되고 있다. 그 과정에서 크고 작은 시비나 송사가 벌어지기도 한다. 몇 년 전 한 유명정치인 친형의 정신병원 입원이 강제적이었는지 여부를 두고 세상이 떠들썩하기도 했다.

국가는 언제부터, 왜 개인의 광기에 관여했을까? 광기에 대한 기준은 무엇이었을까? 그 기준과 처분방식은 어떤 과정을 통해 정해졌을까? 나는 이런 의문을 품은 상태에서 광기의 문제를 다룬 영화 〈히든 아이덴티티Hidden Identity〉를 보게 되었다. 2014년 미국에서 제작되고 2017년 우리나라에서도 개봉된 이 영화는 19세기 마지막 해인 1899년, 영국의 깊은 산속에 있는 한 정신병원에서 벌어지는 이야기를 담고 있다. "난 미치지 않았어요"라고 외치는 환자와 "모든 미친 사람은 미쳤다고 얘기하지 않지"라고 말하는 의사의 의미심장한 대화 장면으로 시작되는 이 영화의 줄거리는 다음과 같다.

옥스퍼드대 의과대학 출신의 예비 의사 뉴게이트는 견습 과정을 이수하기 위해 깊은 산속에 있는 스톤허스트 정신병원을 찾아가 병원장 램 박사의 지도를 받는다. 뉴게이트는 자신이 담당하는 환자인 일라이저에게 연정을 느끼지만, 그녀는 에드워드에게 당장 이곳을 떠나라고 말한다. 에드워드는 뭔가 이상한 분위기를 느끼던 차에, 우연히 지하공간에 수많은 사람이 감금되어 있음을 알게 된다. 놀랍게도 이들은 자신들이 이 병원의 진짜 의료진이고 현재 의료진은 원래 환자들이며, 그들이 음료에 약을 탄 뒤 자신들을 감금했다는 사실을 이 병원의 원장이었던 솔트라는 노인에게서 듣는다. 그리고 에드워드는 의료기록을 통해 램이 군의관 출신으로 수많은 병사를 죽였고, 그 역시 정신병자였음을 알게 된다. 램은 병원의 비밀을 알고 있는 에드워드를 죽이려 한다. 에드워드는 지하에 감금된 사람들, 즉 원래 의료진이었던 사람들이 환자들에게 아주 끔찍한 학대와 고문을 일삼았으며, 오히려 램이 그들에게서 환자들을 구해낸 것임을 일라이저에게서 전해 듣는다. 혼란스러운 분위기 속에서 환자와 의료진은 교체되고, 에드워드는 일라이저와 함께 탈출해서 새로운 삶을 산다.

이렇게 간추려지는 이 영화의 관전 포인트는 세 가지다. 첫째, 스톤허스트는 외형상 치료를 주 업무로 하는 정상적인 정신병원이지만 비밀리에 비정상적인 감금 행위를 자행하고 있었다는 점. 둘째, 원래의 환자들이 기존의 의료진을 감금하고 자신들이 의료진이 되었다는 점. 셋째, 원래 환자였던 사람들은 끔찍한 학대와 고문을 당한 피해자였는데 의료진이 되면서 가해자로 변신했다는 점.

19세기 말 영국의 이 정신병원에서 왜 이런 사건들이 일어났는지를 제대로 이해하려면 좀 더 깊이 있는 배경지식이 필요하다. 이 영화가 우리나라에서 흥행에 실패한 원인 중에는 배경지식이 없으면 내용을 이해하기가 만만치 않은 서양 역사물이라는 점도 한몫했을 것이다. 다시 말해 서구에서 정신병원이 언제, 어떤 목적으로 제도화되었고 주 임무가 치료와 감금 중 어느 쪽이며, 어떤 사람이 미쳤는가 여부, 즉 광기를 가리는 기준은 무엇이고 판단의 주체는 누구인지 따위에 관한 배경지식을 알면 이 영화를 훨씬 더 풍부하고 흥미롭게 감상할 수 있다.

『광기의 역사』가 밝히는 광기의 의미

이런 필요에 부합하는 책이 바로 미셸 푸코(1926-1984)의 『광기의 역사』다. 1,000쪽에 가까운 분량과 푸코 특유의 현란한 문체 탓에 누구든 이 책을 읽어내기란 매우 부담스럽다. 나는 철학자 허경 선생이 쓴『미셸 푸코의 '광기의 역사' 읽기』(이하『읽기』)를 지침 삼아 좀 더 편안하게 접할 수 있었다. 내가 이해한 내용의 핵심만을 먼저 귀띔해두자면,『광기의 역사』는 광기의 기준과 그 대처방식이 시대마다 어떻게 변해왔는지를 밝힘으로써 계몽주의가 신줏단지처럼 받들어 모시는 합리성과 이성이 실은 얼마나 부실하고 허접한 가치인지를 폭로하는 책이다.

『광기의 역사』를 접하며 내가 가장 먼저 주목한 부분은 광기라는 개념의 시대적 변화 양상이다. 르네상스기(16세기 초~17세기 초)는 광기와 지혜가 분리되기 어렵다는 인식 아래 그 둘의 건강한 대립이 유지된 시기였다. 그런데 르네상스가 끝나고 고전주의 시대(17세기 중반~18세기 중반)가 되면서 광기와 지혜 간의 건강한 대립은 사라지게 되며, 배타적이고 특권적인 비판의식만 남아 광기를 억누르게 되었다. 이에 따라 분리 불가능한 이성과 광기를 관념적으로 분리하면서 이 둘은 서로 배타적인 관계에 놓이게 되었다. 이에 대해『읽기』에서는 "'나는 생각한다. 고로 존재한다'라는 데카르트의 논리에서 존재하는 주체는 생각하는 주체이고 미친 주체일 수 없다. 따라서 이성과 광기는 한 사람 안에 공존할 수 없다. 결국 이성·사유·존재의 일치를 가정하는 데카르트 철학에서 광기는 비이성적인 것이자 사유할 수 없는 것, 존재할 수 없는 것이 된다"라고 해설하고 있다. 이 같은 인식은 근대(18세기 말 이후)에까지 이어져 의학이나 심리학 또는 정신분석학의 권위를 앞세워 광기를

미셸 푸코
Michel Foucault

정신병으로 규정하게 되었다고 한다.

다음으로 나는 시대에 따라 광기에 대응하는 방식이 바뀌었다는 점을 주의 깊게 살폈다. 광기에 대한 대응방식은 '선박을 이용한 추방'(르네상스 시기)→'로피탈 제네랄L'hopital general'을 통한 감금(고전주의 시기)→'정신병원을 통한 치료'(근대)와 같이 큰 변화를 겪었음을 확인할 수 있었다. 고전주의 시대 프랑스에 설치되었던 로피탈 제네랄은 종합병원이나 구빈원救貧院으로 번역되기도 하지만, 그보다는 수용소에 더 가까운 행정기관이다. 그곳에 감금된 자들은 매매춘 여성, 부랑자, 사기꾼, 마녀, 무신론자, 광인 등이었다. 이들의 공통점은 한 사회가 규정하는 정상正常의 바깥에 있는 자들이라는 사실이다.

고전주의 시대에 들어서자 왜 이들을 로피탈 제네랄에 감금·수용했는지를 살펴보는 일도 무척 흥미로웠다. 이는 일차적으로 노동의 필요성 때문이었다. 푸코는 "수용을 불가피하게 만드는 것은 노동의 절대적 필요성이다"라면서 "이 기관의 임무는 모든 무질서의 원천으로서의 구걸과 무위도식을 막는 것이라고 단호히 규정된다"라고 기술하고 있다. 그런데 그는 노동의 필요성보다 더 중요한 이유가 무위도식에 대한 도덕적 통제와 윤리적 단죄였다고 밝힌다. 푸코는 "이제 광기는 갇히고 고립되었으며, 수용의 요새에서 이성에 도덕규범에 그리고 도덕규범의 획일적 어둠에 묻혀버렸다"라고 분석하면서 상업이나 경제처럼 국가와 사회가 도덕을 관리하게 되었다는 점을 짚어낸다.

다음으로 나는 한 사회가 광기 여부를 판정하고 광인을 배제하려고 했던 이유를 관심 있게 들여다보았다. 『읽기』에서는 "한 사회는 자신의 타자를 규정함으로써 상관적 존재로서의 자기 동일성 곧 정체성을 만들어낸다"라고 전제한 다음, 유럽 근대사회는 로피탈 제네랄에 수용된 자들로 대표되는 자신의 '타자들'을 발명함으로써 자신의 정체성, 곧 자신을 발명했다고 해석한다. 이는 동일자와 타자는 서로 깊은 관련 속에서 동시에 구성된 쌍둥이라는 규정으로 이어진다.

『읽기』는 이를 일반화하며 몇 가지 중요한 지점을 짚어준다. 사회의 다수 또는 지배자들은 세계에 대한 '배타적 해석 권력'을 움켜쥐고 자기와 다른 자들을 심판하는 자의 위치에 선다는 점. 반대로 사회의 지배적 해석에 동의하지 않고 그들과 다른 방식으로 세상을 보는 사람들은 비이성적이고 비신앙적이며 비정상적인 존재들로 낙인찍혀 배제되는데, 이는 그들이 사회가 설정한 정상성의 범주 바깥에 존재하는 사람들이기 때문이라는 점. 푸코는 이런 독특한 해석을 통해 '광기의 역사' 속에서 근대에 대한 암울한 전망을 드러낸다.

이처럼 『광기의 역사』는 광기가 각각의 시대마다 서로 다른 관점과 관심 아래, 서로 다른 방식의 인식 구조 안에서 서로 다른 기능을 수행했음을 밝혀냄으로써, 오늘날 당연시되는 광기의 '자연적이고 본질적인' 특성들이 실은 역사적이고 정치적인 구성물이라는 점을 알려준다. "보편성이 결코 보편적이지 않으며 오직 역사적 구성물일 뿐"이라는 푸코의 말은 보편성은 정치적으로 결정된다는 뜻이며, 이는 곧 해석 권력을 가진 자만이 광기 여부를 판단할 수 있다는 뜻이기도 하다.

사회학자 이진경 교수는 『철학과 굴뚝 청소부』에서 『광기의 역사』를 포함한 푸코 철학의 주제를 한마디로 '경계 허물기'로 규정한다. 그는 "푸코의 사상 전반을 특징짓는 가장 커다란 기획은 정상과 비정상, 동일자와 타자, 내부와 외부 사이에 만들어진 경계를 허무는 것"이라고 파악한다. 그러면서 푸코가 '경계 허물기'를 통해 정상인과 광인 사이의 경계는 과학과 진리가 보증해주는 확실한 게 결코 아니며, 차라리 광인에 대해 올바로 사고하지 못하게 막고 있는 정상인이라는 환상을 파괴하고 있다고 분석한다.

광기의 기준은 결국 권력의 문제

『광기의 역사』를 통해 든든히 쌓아둔 배경지식을 바탕으로 이제 영화 〈히든 아이덴티티〉로 돌아가 애당초 가졌던 의문 두 가지를 살펴보자.

우선 정신병원의 역할에 관한 문제. 『광기의 역사』에 따르면, 고전주의 시대 로피탈 제네랄의 역할은 감금이고 근대 정신병원의 역할은 치료다. 그러니 근대에 속하는 1899년 영화의 주 무대 스톤허스트 정신병원에서는 당연히 치료의 역할만을 수행해야 한다. 그런데도 영화에서 비밀리에 감금도 함께 이루어졌다고 설정된 이유는 광기에 대한 근대의 인식이 고전주의적 인식과 크게 다르지 않음을 보여주기 위해서라고 해석할 수 있다. 과학이니 의학이니 정신분석학이니 하는 학문의 권위를 빌린 근대의 치료나, 물리적인 강제와 억압이 수반되는 고전주의 시대의 감금이나 다 도긴개긴, 거기서 거기라는 뜻이다.

두 번째는 원래의 환자가 의료진이 되고 원래의 의료진이 감금되어 광인처럼 학대받는 문제. 이 영화는 이런 반전을 통해 광기 또는 광인의 여부에 대해 어떠한 과학적이고 객관적인 판단 기준도 없고 다만 권력의 문제일 뿐임을 말하고 있다고 해석할 수 있다. 그 권력이 바로 '배타적 해석 권력'이다. 푸코는 "『광기의 역사』와 『임상의학의 탄생』을 통해 내가 말하고 싶었던 것이 권력이 아니었다면 무엇이었을까 하고 되뇌어보곤 한다"라고 말한 바 있다.

영화 〈히든 아이덴티티〉에는 스톤허스트 정신병원의 병원장 램 박사가 "계몽의 시대에 살고 있다는 건 감사할 일이지"라고 기고 만장하는 장면이 나온다. 합리성과 이성의 힘으로 미개하고 야만 적인 세상을 밝게 비추어 비정상의 세상을 정상의 세상으로 만들 겠다는 사상이 바로 계몽주의다. 계몽주의는 프랑스 혁명의 정신 적 지주였고, 자본주의와 제국주의의 사상적 근거였다. 미친 증세, 즉 광기도 당연히 계몽의 대상이었다. 계몽주의의 세례를 듬뿍 받 은 서구의 근대 국가는 합리와 이성의 힘으로 한 개인이 미쳤는지 미치지 않았는지, 다시 말해 광기의 여부까지도 판단할 수 있다고 믿었다. 하지만 그렇게 황금빛 주단이 깔려 있다고 믿은 계몽주의 의 이성과 합리성은 앞에서 살펴본 것처럼 여러 가지 의미에서 파 탄 직전에 이르렀다.

대단히 허탈한 일이겠지만, 계몽주의의 합리성과 이성은 빛 좋 은 개살구일 뿐 결국에는 모든 판단과 결정의 배후에 기득권 세력 의 해석 권력이 작용하고 있다는 현실을 우리는 어쩔 수 없이 받아 들여야 한다. 그렇게 하지 않으면 이 21세기 대명천지에 왜 합리성 과 이성 또는 공정과 상식의 이름으로 버젓이 야만과 퇴행의 작태 가 벌어지는지를 도무지 이해할 수 없기 때문이다.

에드워드: 우리 이제 함께 떠날 수 있어요.

일라이저: 그럴 수 없어요. (나는 미쳤지만) 당신은 제정신이니까요.

에드워드: 나도 미쳤어요, 당신한테.

영화 〈히든 아이덴티티〉의 끝부분에 나오는, 주인공 에드워드와 일라이저의 의미심장한 대화 장면이다. 이어서 그들이 함께 이탈리아의 어느 휴양지로 가서 행복한 시간을 보내는 장면으로 바뀌며 이 영화는 마무리된다. 사랑은 아니 인간의 삶은, 광기와 이성이 분리되지 않고 합쳐진 상태에 있는 숭고한 그 무엇임을 이 대화가 암시하고 있다.

03

자본주의의 배반

신사가 아니라
조폭이었네

자본주의의 기원에 관한
불편한 진실

2022년 9월 영국의 엘리자베스 여왕이 서거했다. 그녀가 70년의 재임 기간 중 영국을 위해 무슨 대단한 일을 한 것 같지는 않다. 오히려 영국은 그 기간 중에 세계 패권국의 지위를 미국에 완전히 넘겨주었다. 그런데도 그녀는 온화하고 단아한 모습으로 영국의 좋은 이미지가 유지되는 데 적지 않게 기여한 듯하다. 그래서인지 나에게 영국은 비유컨대 똑똑하고 성격 좋은 엘리트의 이미지로 오랫동안 각인되어 있었다. 가난하게 태어나 과외는 전혀 받지 않고 교과서로만 공부해서 전국 수석을 따낸 수재로, 사시 합격과 고위 법조인을 거쳐 전관예우를 누리며 돈과 명예에 존경까지 받는 성공 스토리의 주인공이랄까, 한마디로 개천에서 난 착한 용 같은 인상을 주었다.

실제로 영국은 많은 사람에게, 짧은 역사에도 최초의 시민혁명을 통해 의회민주주의를 확립하고 산업혁명을 통해 자본주의를 확산시킨 나라로 기억되고 있다. 또한 윌리엄 셰익스피어와 아이작 뉴턴, 애덤 스미스와 찰스 다윈처럼 세계사에 큰 족적을 남긴 인물들을 배출했으며, 한때는 '해가 지지 않는 나라'라는 별칭으로 불리며 세계를 주름잡은 나라로도 잘 알려져 있다. 한국인에게는 대체로 품위 있고 매너 좋은 신사의 나라로, 한국전쟁 때 군대를 보내주고 박지성과 손흥민을 키워주기도 한 고마운 나라로 기억되고 있다. 내 생각을 뒤집어놓은 두 번의 반전이 없었더라면 나는 지금껏 영국을 그렇게만 알고 있었을 것이다.

『면화의 제국』이 밝혀낸 자본주의의 부끄러운 역사

첫 번째 반전은 몇 년 전 런던을 방문해 대영박물관을 관람할 때 일어났다. 뜻밖의 빈약한 역사와 엄청난 양의 약탈 문화재가 나를 깜짝 놀라게 했다. '유구한 역사를 자랑하는 우리 대한민국'까지는 아니더라도 영국의 문명사는 너무 짧았다. 지금 기억하기로 본격적인 역사의 시작은 우리나라의 고려 중기에 해당하는 11세기 중엽 노르만 정복에서부터였으니 말이다. 그래서는 아니겠지만 대영박물관에는 신라 금관이나 고려 상감청자에 해당하는 자국의 국보급 문화재는 거의 보이지 않았다. 전시된 유물이라고는 온통 그리스며 이집트며 아프리카 등 세계 각국에서 약탈해온 것들이었

다. 오죽하면 대영박물관을 '인류 약탈 문화재의 창고'라 부르고, "건물과 경비원 말고는 대영박물관에 영국 물건이 없다"라는 말까지 나올까. 이를 계기로 영국에 대해 지녔던 긍정적인 이미지는 템스 강에 자욱이 낀 안개 속으로 아스라이 사라져가기 시작했다.

두 번째 반전은 하버드대학 스벤 베커트 교수의 『면화의 제국 *Empire of Cotton*』을 읽고 나서 찾아왔다. '자본주의의 새로운 역사'라는 부제에 잘 나타나 있듯이, 200여 년에 걸쳐 진행된 면직물 산업의 변화 과정을 세밀하게 들여다보며 영국이 주도한 자본주의의 부끄러운 역사를 날것 그대로 털어낸 책이다. 이 책의 핵심 내용은 다음 인용문에 잘 요약되어 있다.

자본주의를 생각할 때 우리는 흔히 임금노동자를 떠올린다. 하지만 초기 자본주의는 자유노동이 아니라 노예노동에 기반했다. 산업자본주의라고 하면 우리는 계약과 시장을 먼저 떠올리지만 초기 자본주의는 거의 폭력과 신체적 구속에 의지했다. 근대의 자본주의는 재산권을 우선시하지만, 초기 자본주의의 특징은 확고한 소유권과 대규모 약탈이었다. 오늘날의 자본주의는 국가를 등에 업은 강력한 제도와 법의 지배에 의존한다.

스벤 베커트는 세계가 자본주의를 통해 빠르고 철저하게 재창조될 수 있었던 이유를 생산과 무역, 소비를 조직하는 새로운 방식이 등장했기 때문이라고 보고, 이 새로운 방식의 핵심에는 노예제, 원주민 약탈, 제국의 팽창, 무력을 동원한 교역, 사람과 토지를 강제력으로 장악한 기업가가 있었다는 사실을 짚어낸다. 그리고 이런 체제를 전쟁자본주의war capitalism라고 부른다. 행정·군사·사법·기반시설에서 엄청난 역량을 갖춘 강력한 국가를 기반으로 형성된 산업자본주의는 전쟁자본주의를 토대로 발전한 것이라고 강조한다. 나아가 면직물 산업의 다양한 실증 자료를 동원해 이런 문제들을 꼼꼼하게 논증한다.

그에 따르면 면화는 19세기에 지구 전역에서 거래된 상품 중 가장 중요했으며, 거의 연금술에 가까운 비술을 동원해 노예제와 자유노동, 국가와 시장, 식민주의와 자유무역, 산업화와 탈산업화 등 상반된 듯 보이는 것들을 결합해서 부로 바꿔놓았다고 한다.

자본주의의 핵심은 노예제·식민주의·강제노동

면화는 옷을 만들기에 뛰어난 원료다. 부드럽고 내구성이 좋으며 가벼운 데다 염색과 세탁이 쉽기 때문이다. 그래서 근대의 식물학자들은 면화를 신의 선물이라고 여겼다. 면화를 재배하고 옷감을 짜는 일은 남아시아·중앙아메리카·동아프리카 세 지역에서 각각 독립적으로 발전했지만, 18세기 중엽까지는 인도가 최대의 면화산지이자 면직물 생산국이었다. 유럽의 각국은 동인도회사를 세워 인도의 면직물을 구매했는데, 물론 그 가운데 영국이 가장 적극적이었다. 1766년에는 면직물이 동인도회사 전체 수출품의 75퍼센트를 차지했다고 한다. 구매 이유는 세 가지였다. 동남아에서 향신료와 교환하기 위해, 자국의 국내 소비를 위해, 플랜테이션 농장에서 일할 노예들의 몸값을 지불하기 위해.

영국을 비롯한 유럽의 부르주아지들은 대표적인 인도산 면직물인 친즈와 모슬린의 아름다움에 시선을 빼앗겼다. 그 면직물로 지은 옷을 몸에 걸치고 자신들의 지위를 과시하려는 욕망을 자극했기 때문이다. 영국에서 인도산 면직물은 점점 더 크게 유행했고, 아프리카 노예에 대한 수요도 급격히 늘면서 인도산 면직물이 영국 내 직물 시장을 잠식했다. 이에 모직물과 리넨 같은 전통적 직물 제조업자들이 반발했고, 인도산 수입품 때문에 자국의 직물 산업이 피해를 입지 않게 해달라고 정부에 요구했다. 마침내 영국 정부는 인도산 면직물에 대해 1685년에는 10퍼센트의 관세를 부과했고,

1774년에는 결국 수입을 전면 금지했다. 이에 따라 면직물의 국내 생산이 본격화되었다. 이 과정에서 개발된 방직기와 방적기가 산업혁명(1차 산업혁명)의 신호탄이 되었음은 익히 알려져 있다.

영국 상인들은 국내 시장만이 아니라 아프리카·아메리카·아시아의 글로벌 시장이 존재한다는 사실도 깨달았다. 하지만 영국 면직물 산업은 그때까지 규모도 작고 기술적으로도 뒤처져 있었다. 이를 극복하고 글로벌 시장에서의 기반을 잡아준 것이 바로 제국의 팽창, 노예제, 토지의 약탈로 요약되는 전쟁자본주의였다. 전쟁자본주의는 보험·금융·운송은 물론 국채·화폐·국방과 같은 공적 제도들까지 덩달아 키워주는 효과를 가져왔다. 국가라는 든든한 뒷배와 군사력이라는 주먹, 그리고 넉넉한 돈줄까지 갖추고 만들어진 면직물과 면제품은 증기선이나 증기기관차를 타고 아프리카로, 아메리카로, 아시아로 운반되었다.

이는 면직물 산업 강대국이었던 인도의 몰락으로 귀결된다. 인도는 원래 원면과 면직물과 면제품의 수출국이었으나 하나하나 차례로 영국에 빼앗기더니 결국 원면까지 수입해야 하는 나라로 전락하고 만 것이다. 그 과정에서 영국이 인도의 면직물 기술을 빼앗기 위해 저지른 만행은 실로 무자비했다. 위안부나 징용 등 일제가 우리에게 저지른 만행보다 더하면 더했지 못하지 않았다. 그 실상은 2015년 KBS에서 방영된 다큐멘터리 〈바다의 제국〉 3부 '뒤바뀐 운명' 편에서 확인할 수 있다.

영국은 면제품 생산의 글로벌 네트워크 안으로 파고들어 이를

스벤 베커트
Sven Beckert

주도했다. 영국을 선두로 한 유럽 국가는 세계 면직물 산업을 재편해나갔다. 스벤 베커트는 그 결과로 "불연속적이고 다원적이고 수평적이었던 오래된 면화 세계에서, 통합되고 집권적이고 위계적인 면화 제국으로의 이행이 일어났다"라고 말한다.

『면화의 제국』에는 이처럼 면직물 산업의 변방에서 수입하는 데 급급했던 영국이 면직물 산업을 통해 산업혁명을 일으키고 자본주의의 선두국가로서 세계를 호령하게 된 과정이 생생하게 담겨 있다. 이 책의 '에필로그'에서 스벤 베커트는 200여 년의 역사를 탐사하는 과정에서 자본가와 국가가 나란히 등장해 서로의 지배력을 촉진했다는 사실이 드러났음을 지적하면서, 자본과 정치의 다양한 조합이 자본주의의 본질이라고 강조한다. 그리고 다음과 같이 의미심장한 진술로 마무리한다.

> 폭력의 여러 형식들 중에서 특히 노예제, 식민주의, 강제노동은 자
> 본주의 역사에서 벗어난 것이 아니라 오히려 그 핵심에 놓여 있었다.
> (중략) 면화의 제국을 통과하는 여행에서 우리가 확인한 것은 세계
> 최초의 글로벌 산업의 진화와 그것을 모델로 삼은 다른 여러 산업의
> 진화에서는 문명과 야만이 하나로 연결되어 있었다는 점이다.

성장과 풍요의 뒤편에 얼룩진 착취의 신음과 살육의 피

그렇게 두 번의 반전을 겪고 난 다음, 나에게 영국은 그리고 자본
주의는 개천에서 난 착한 용의 이미지로 남아 있을 수 없었다. 베
일을 벗겨보니 졸부이면서 포악한 성격의 이중인격자였다. 한마디
로 신사가 아니라 조폭이었던 셈이다. 『면화의 제국』에서도 "최초
의 산업국가인 영국은 흔히 묘사되는 것처럼 그렇게 신뢰할 만하
고 공정한 제도를 갖춘 효율적인 자유주의 국가가 아니었다"라고
지적한다. 오히려 어마어마한 군사비를 지출하면서 거의 지속적인
전쟁 상태에 놓여 있었으며, 강력하고 간섭주의적인 관료제와 높
은 세금, 치솟는 정부부채와 보호관세가 특징을 이루는 제국으로
비민주적 국가였음을 강조한다. 이 책에 나오지는 않지만, 영국은
1902년 영일동맹을 맺어 일본의 러일전쟁 승리와 한반도 병탄에

일조했다는 사실도 나는 잘 알고 있다.

　역사적 과오를 영원히 붙잡고 있자는 게 아니다. '해가 지지 않는 나라'에는 그 밝은 빛보다 더 어두운 그늘이 길게 드리워졌으며, 자본주의의 성장과 풍요의 뒤편은 착취의 신음과 살육의 피로 얼룩졌다는 사실을 알아두자는 말이다. 그래서 용서는 하더라도 잊지는 말자는 얘기다.

사다리를 걷어찬
'나쁜 사마리아인들'

자본주의와 가장 깊은 관계가 있
는 용어로 애덤 스미스의 '보이지 않는 손'과 막스 베버의 '프로테
스탄트 윤리'를 꼽을 수 있다. 스미스는 생산자가 아무리 이기심
을 가지고 상품을 만들어 팔아도, 남거나 모자라지 않고 전체적으
로 조화를 이룰 수 있도록 시장이 적절한 균형점을 찾아준다고 보
았다. 그런 시장의 기능을 '보이지 않는 손'이라 했다. 또 베버는
낭비하지 않고 근면하고 성실하게 일하는 자본가의 정신이 자본
주의를 형성하고 발전시켰는데, 그런 정신의 뿌리가 다름 아닌 '프
로테스탄트 윤리'에 있다고 보았다. 다시 말해 '보이지 않는 손'은
시장의 조화로운 질서를 뜻하고, '프로테스탄트 윤리'는 자본가의
건실한 태도나 정신을 뜻한다. 자본주의는, 특히 그 초창기 모습
은 이런 용어들과 어우러지면서 많은 사람에게 깔끔하고 따뜻하

고 세련된 신사의 이미지로 자리 잡고 있다.

어느 시점이 되자 자본주의의 정사正史는 이 두 가지 용어와 어울리는 풍부한 서사를 완성했다. 그 내용은 이렇다. "영국은 18세기에 다른 나라들보다 앞서 자유시장과 자유무역 정책을 채택했다. 19세기 중반 영국의 눈부신 경제 성공으로 자유시장·자유무역 정책의 우수성이 명백해지자 다른 나라들도 역시 무역을 자유화하고 국내 경제에 대한 규제를 해제하기 시작했다. 이런 자유주의적 세계질서는 영국의 패권 아래 1870년 즈음에 완성되었는데 이를 뒷받침했던 것은 자유방임주의적 국내 산업정책, 상품·자본·노동에 대한 국가 간 흐름을 막는 장벽의 완화, 거시경제의 안정 등이었다. 이렇게 되자 한동안 전례 없는 번영의 시대가 이어졌다."

보호무역으로 부자가 된 나라가 자유무역을 강요하는 행태

런던대학 경제학과 장하준 교수는 『나쁜 사마리아인들』에서 세계화에 대한 이 같은 기존의 해석이 근본적으로 사실을 호도하고 있다고 강하게 비판한다. 장 교수에 따르면, 오늘날의 거의 모든 선진국은 신자유주의 경제학에 배치되는 정책 처분을 토대로 해서 부자 나라가 되었다고 한다. 또한 그는 자본주의 초창기에 오늘날 부자 나라들은 자국 산업을 보호하기 위해 관세와 보조금을 적극 활용했고, 외국인 투자자를 차별했으며, 외국인 투자 문제나 국영

기업, 거시경제 관리, 그리고 정치기구와 관련된 정책 등의 측면에서 현대 신자유주의 경제학의 정통적 견해에서 크게 벗어나 있음을 조목조목 짚어낸다.

첫 번째 세계화 시기(1870~1913)에 영국의 패권 아래 상품·사람·돈이 자유롭게 이동한 적이 있었지만, 그때 자유무역을 실천했던 나라들은 대부분 식민지 지배나 '불평등조약'의 결과로 자유무역을 강요당한 약소국이었다. 오히려 부자 나라들은 약소국에 자유무역을 강요하면서도 스스로는 매우 높은 관세를 유지했다고 한다. 가령 자유무역의 발상지인 영국의 경우 19세기 중반 자유무역으로 개종하기 전까지 손꼽히는 보호무역 국가였다고 한다.

장 교수는 이런 부자 나라들을 두 가지 유형으로 분류한다. 하나는 이런 행태가 나쁜 줄 알면서도 강자의 논리로 낯 두껍게 밀어붙이는 '사다리 걷어차기' 유형이고, 다른 하나는 자신들이 부자가 되기 위해 자유무역·자유시장 정책을 채택했다는 잘못된 믿음을 갖고 가난한 나라들에 자유무역·자유시장 정책을 권유하는 '나쁜 사마리아인들' 유형이다. 이 두 번째 유형의 나라들은 개발도상국들에 나쁜 영향을 미친다는 사실조차 인식하지 못한다며, '사다리 걷어차기' 유형의 나라들보다 더 심각한 골칫거리라고 장 교수는 비판한다.

'나쁜 사마리아인들'의 행태는 2차 세계대전 이후에도 이어졌다. 경제성장에 실패한 남미와 아프리카가 오히려 신자유주의적 프로그램이 훨씬 더 철저하게 실행된 곳이었다. 신자유주의 정책이 시

장하준
Ha-Joon Chang

행된 대부분의 국가에서 오히려 소득 불평등은 더 심해졌고 성장
은 멈칫거렸다. 신자유주의 세계화는 결국 성장, 평등, 안정 등 경
제생활의 모든 전선에서 실패했다. 반면 2차 세계대전 이후 경제개
발에 성공한 개발도상국들은 거의 모두 보호관세와 보조금을 비
롯한 갖가지 형태의 정부개입을 활용하는 민족주의적 정책을 통해
성공을 거두었다. 이 시기에 신자유주의 전략을 써서 성공을 거둔
것처럼 보이는 나라가 있다면 바로 칠레다. 하지만 신자유주의의
홍위병 '시카고 보이즈Chicago Boys'가 주도한 칠레의 경제실험은 결
국 심각한 금융위기로 끔찍하게 막을 내렸다.

영국과 미국이 보호무역으로 성공한 과정

이 책은『로빈슨 크루소』의 저자 다니엘 디포의『영국 상업 발전 계획』(1728)을 통해 자본주의 초창기인 튜더 왕조 시절 영국 산업 정책의 성격을 본격적으로 분석한다. 디포의 이 책은 한마디로 영국이 다른 나라들보다 앞서서 경제적 성공을 거둔 것은 남들보다 먼저 번영의 진정한 경로를 찾아냈기 때문이라는 자본주의 창세기 신화를 산산조각 내고 있다고 장하준 교수는 파악한다.

디포의『영국 상업 발전 계획』에 따르면, 당시 튜더 왕조는 유럽의 하이테크 산업이었던 모직물 제조업을 영국에서 발전시키기 위해 정부가 보호주의와 보조금, 독점권의 분배, 산업스파이 활동의 지원을 비롯한 여러 가지 형태로 개입했다고 한다. 이를 통해 이 책은 영국의 모직물 제조업을 발전시킨 것은 자유시장이 아니라 정부의 보호와 보조금이었다는 사실을 분명히 밝혔다.

장 교수는 초대 영국 수상 로버트 월폴의 활동을 소개하는 내용에 특별히 주목했다. 월폴은 1721년 제조업 육성을 겨냥하는 정책을 도입하기 위해 그에 필요한 새로운 법률을 제정했다고 한다. 그 법의 기본 목적은 영국 제조업을 보호하고 수출을 장려하는 일이었다. 이를 통해 수입된 외국 공산품에 대한 관세는 크게 올랐고, 제조업에 쓰이는 원자재에 대한 관세는 크게 낮아지거나 아예 폐지되었으며, 공산품 수출은 수출보조금을 비롯한 여러 가지 방법으로 장려되었다. 나아가 공산품들, 특히 직물 제품의 품질을 관리하기 위한 규제까지 도입되었다. 이는 2차 세계대전 후 동아시아의 여러 나라 중에서 경제적으로 '기적'을 일궈낸 일본·한국·대만 같은 국가들이 적극 활용해 성공을 거둔 정책들과 매우 유사하다고 장 교수는 평가한다.

『영국 상업 발전 계획』에 따르면, 영국은 또한 식민지들이 자국의 제품과 경쟁하게 될 만한 제품의 국내 유통과 수출을 금지했다. 대표적인 사례를 들어보자. 당시 영국산 면직물보다 품질이 우수했던 인도산 면직물(캘리코)의 수입을 금지했고, 1699년에는 식민지들이 다른 나라로 모직물을 수출하는 것을 금지함으로써 아일랜드의 모직물 산업을 파괴하고 미국 내 모직물 산업의 출현을 막았다. 최종적으로 영국은 자국의 식민지가 1차 상품만을 생산하도록 장려하는 정책을 펼쳤다. 미국 내에서 생산되는 원료에 대해 미국 쪽에는 수출보조금을 지급하고 영국 쪽에는 수입세를 폐지하는 교묘한 방식으로 이런 정책이 이루어졌다. 미국인들이 영국 제조업의 경쟁자로 부상하는 일이 없도록 1차 상품 생산에 확실하게 묶어두고자 한 것이다. 이에 대해 장 교수는 "식민지 사람들은 이렇듯 가장 수익성이 높은 '하이테크' 산업을 영국의 손아귀에 곱게 남겨두어야 했으니, 영국이 경제발전에서 세계 최선두를 달리는 혜택을 누리는 일은 떼어 놓은 당상이나 다름 없었다"라고 소개한다.

미국 제품에 대한 관세는 1860년에야 비로소 완전히 폐지되었다고 한다. 장기간 지속되어온 높은 관세 장벽 뒤에 숨어 경쟁국들을 누르며 기술적 우위를 획득하고 나서야 자유무역을 채택한 영국의 이런 행태를 두고 '사다리 걷어차기'라고 부른다. 장 교수는 이렇게 사다리를 걷어차는 데 가장 열심히 저항한 나라가 바로 미국이었으며, 그 중심에 미국의 초대 재무부장관 알렉산더 해밀턴의 '유치산업 보호론'이 있었음을 강조한다. 해밀턴은 『제조업에 대한 보고』에서 미국 같은 후진적인 나라는 외국의 경쟁으로부터 '유치산업'을 보호하고 그 산업들이 자기 발로 설 수 있을 때까지 육성해야 한다고 주장했다. 미국은 19세기 내내, 그리고 1920년대까지도 세계에서 가장 강력한 보호무역 국가였음에도 미국 경제는 빠르게 성장했다고 한다.

그런데 아이러니하게도 미국은 사다리를 걷어찬 영국의 길을 고스란히 따라갔다. 2차 세계대전 이후 공업 분야에서는 그 누구도 도전할 수 없을 정도로 우위를 점하게 된 미국은 무역을 자유화하고 자유무역의 대의를 대대적으로 홍보하기 시작했다. 장 교수는 자유무역 옹호국인 영국과 미국의 경우 세계를 지배하는 산업 강국이 되기 전까지는 그 어떤 나라와도 비교할 수 없을 만큼 강력한 보호무역 정책을 펼쳤다는 점을 강조한다.

자유무역과 자유시장으로 꾸며진 황당한 신화

지금까지 『나쁜 사마리아인들』을 통해 오늘날의 부자 나라들은 모두 유치산업을 장려하기 위해 (관세, 보조금, 외국무역에 대한 규제와

알렉산더 해밀턴
Alexander Hamilton

같은) 국가주의적인 정책을 시행했음을 확인했다. 장 교수는 이런 경험에서 배우려고 노력도 하지 않은 채 오늘날의 부자 나라들이 자유무역과 자유시장 정책을 통해 발전했다는 황당한 신화를 아무런 의심 없이 받아들이고 있는 현실을 안타까워한다.

부자 나라들이 가난한 나라들을 상대로 '사다리 걷어차기'를 하면서 자유시장, 자유무역 정책을 강요해왔다는 사실도 역사를 통해 얻을 수 있는 교훈이다. 하지만 사다리 걷어차기보다 더 심각하고 더 널리 퍼진 것이 역사에 대한 건망증이다.

'밀턴 프리드먼'이라는
주술

2022년 대통령 선거 과정에서 "없는 사람들에게 부정식품을 먹도록 허용하자"라는 한 후보의 발언이 도마 위에 올랐다. 밀턴 프리드먼의 『선택할 자유 *Free to Choose*』에서 인용했다는 이 발언은 결국 근거가 없는 것으로 밝혀졌지만, 그 인터뷰 장면은 그가 프리드먼을 맹신하고 있다는 물증이 되기에 충분했다. 그는 "프리드먼 책에 아주 딱 나와 있어요"라고 했다. 프리드먼의 책에 나와 있으면 만고의 진리가 된다는 투였다. 그는 경제학 교수 출신인 아버지의 추천으로 그 책을 읽었다고 했다. 그의 아버지의 전공은 통계학으로 경제학의 본령에서 다소 비껴나 있지만, 여러 정황상 그가 주류경제학과 프리드먼을 추종했다고 추론하는 게 자연스럽다. 어떤 이론이든 역사적·정파적 한계를 안고 있기 마련이므로 그 한계 속에서 그 이론을 이해하지 못할 때 학문적 추종과 맹신이 생기는 법이다.

밀턴 프리드먼을 맹주로 한, 신자유주의의 본산 시카고학파를 비판하는 대표적인 책이 『쇼크 독트린Shock Doctrine』이다. 이 책은 나오미 클라인이 저널리스트의 관점에서 주류경제학의 진원지인 시카고학파의 역사적 형성 과정과 행태를 탐사 보도하듯이 집중적으로 해부한다. 이를 통해 주류경제학의 문제점과 한계를 생생하게 전달해준다. 이 책에 따르면, 프리드먼식 사고의 바탕에는 이를테면 조폭의 논리가 깔려 있다. 그리고 이론을 제시하는 데 그치지 않고 실제로 조폭 짓을 했다. 프리드먼은 이렇게 말했다.

> 실제로든 아니면 인식이든 간에, 오직 위기만이 진짜 변화를 만들어낸다. 위기가 발생하면 이제껏 밀려났던 사상에 근거한 조치가 취해진다. 또한 과거엔 정치적으로 불가능했던 일들이 오히려 불가피해진다. 우리는 그때가 올 때까지 기존 정책에 대한 대안을 발전시키고 지속시켜야 한다.

점잖은 용어로 위장한 포장지를 벗겨내 자세히 들여다보면, 이는 곧 위기를 조장해서 약점을 잡은 다음 원하는 경제정책을 마음대로 펼치겠다는 얘기다. 프리드먼과 그의 추종 세력은 미국 정부를 뒷배로 삼고 현지 정부 일부 관료의 도움을 받아 실제로 그렇게 했다. 그 대표적 사례가 1970년대 칠레, 1980년대 아르헨티나, 1990년대 중국, 1997년 한국을 포함한 동아시아에서 일어났다.

영화 〈국가부도의 날〉에 나타난 네 가지 에피소드

〈국가부도의 날〉은 'IMF 사태'라고 불리는 1997년 우리나라 외환 위기의 막전막후를 다룬 영화다. 정책결정자와 대응 실무자 그리 고 IMF 관계자가 모두 배역으로 등장해 외환위기에 대처하는 과 정에서 있었던 긴박한 순간들을 생생하게 보여준다. 객관적인 사 실을 다루는 다큐멘터리가 아니라 부분적으로 상상력을 동원해 허구적인 상황을 설정한 영화이니 당연히 진위에 대한 논란은 있 을 수 있다. 작위적이거나 비현실적이어서 다소 거슬리는 장면들 도 없지는 않다. 하지만 이 영화에는 당시 사태에 대한 가장 중요 한 해석과 평가가 담겨 있다는 점을 놓쳐서는 안 된다.

이 영화의 핵심 에피소드는 네 가지인데, 하나씩 차근차근 살펴 보자. 첫째는 대한민국에 외환 부족이라는 긴급 재난 사태가 발생 해서 국가가 부도날 위기에 놓였다는 점. 이 영화의 주인공인 한국 은행 통화정책팀장은 다음과 같은 긴급사항을 전한다. 동남아를 시작으로 달러가 빠져나가고 있다, 이는 한국 정부의 위기관리 능 력에 대한 해외 투자자들의 의심 때문이다, 원화 가치가 계속 하락 하고 정부가 환율방어에 들어가는 돈이 1주일에 20억 달러다, 해 외 투자자들이 일제히 만기연장을 거부하고 1주일 안에 투자금을 갚으라고 요구한다, 현재 실질적 외환보유고는 90억 달러 이하로 이대로 가면 1주일 안에 국가부도 사태가 온다. 한마디로 극도의 외환위기와 이에 따른 공포를 알리고 있다.

둘째는 IMF에서 긴급자금을 빌리고 그 대가로 IMF의 요구를 들어준다는 점. 청와대 경제수석과 한국은행 총재 그리고 통화정책팀장은 IMF가 구제금융을 조건으로 무리한 요구를 걸 것이고, 그 요구를 들어주면 결국 경제주권이 IMF로 넘어가게 된다며 반대한다. 하지만 당시 재정경제원을 상징하는 '재경국'의 차관은 "불이 났는데 어느 집 소화기로 끄냐는 게 뭐 그리 중요합니까?"라며 시급성과 대안 부재를 내세우면서 밀어붙인다. IMF 측은 11개 종금사 영업정지와 부도처리라는 선결조건과 함께 금리의 대폭적 인상, 자본시장 개방, 노동시장 유연화라는 요구조건을 내세우며 압박하고 정부는 어쩔 수 없이 이에 응한다(영화에서 국영기업의 민영화라는 중요한 요구조건이 빠진 것은 감독의 실수로 보인다).

셋째는 위기의 원인을 국민의 탓으로 돌린다는 점. IMF의 요구사항을 받아들인다고 결정하면 대중이 크게 반발하지 않겠느냐고 우려하는 투자자에 대해, 위기에서 기회를 찾으려 혈안이 된 한 펀드매니저는 "엉뚱한 소리들을 해대시겠지. 니들이 과소비를 해서 파탄이 났다, 니들이 개념 없이 돈을 흥청망청 썼다……, 전 속지 않을 겁니다"라고 말한다. 실제로 영화에서 이런 내용의 뉴스가 보도되는 장면들을 수시로 보여준다.

넷째는 정부와 재계에 있는 막강한 시장주의 세력이 IMF에 동조한다는 점. 이 영화에는 IMF행을 찬성하는 네 명의 주요 인물이 나온다. 대한민국 경제정책의 핵심적 실세로 그려지는 박대영 재경국 차관, IMF행을 성사시키는 김찬수 신임 경제수석, 나중에 총수 자리에 오르는 재벌 2세, 그리고 종금사 직원에서 투자계의 큰손으로 화려하게 변신한 펀드매니저 윤정학. 이 가운데 자생적(?) 시장주의자 윤정학을 뺀 나머지 세 명의 인물은 모두 '하버드 MBA' 출신의 동문이다. 이들은 정책과 실물 분야에서 각각 우리나라 경제를 주무르는 실세로 그려진다. 재경국 차관 박대영이 IMF행을 주장하면서 자신의 부하 직원에게 털어놓는 다음 발언 속에 시장주의자의 속내가 고스란히 들어 있다.

> 돈이야 어떻게든 갚을 수 있어. 한시현(한국은행 금융정책팀장)이 말마따나 급한 불은 어떻게든 끌 수 있다고. 근데 난 이 기회를 그냥 이렇게 넘기면 안 된다고 생각해. 지금이 바로 대한민국이 변하는 순간이야. 이건 그냥 외환위기가 아니라고. 노동자들은 틈만 나면 징징거리고 허구한 날 파업이나 벌이고 ××. 그런 나라를 한 방에 바꿀 수 있는 기회라는 생각이 든다고, 나는.

『쇼크 독트린』의 공식이 적용된 한국의 IMF 사태

이제 이 네 가지 에피소드를 기억한 상태에서, 잠시 저널리스트인 나오미 클라인의 야심작 『쇼크 독트린』의 핵심 내용을 짚어보자. 클라인은 이 책에서 위기와 재난 그리고 공포와 무질서를 이용해 경제를 시장 친화적으로 재편하려면 충격요법이 필요하다는 자유

밀턴 프리드먼
Milton Friedman

시장주의자들의 주장을 '쇼크 독트린'이라고 명명한다. 그리고 그것의 주창자로 밀턴 프리드먼을 지목한다.

나오미 클라인은 프리드먼이 애용한 쇼크 독트린의 전개방식을 다음과 같이 정리한다. ① 재난이 발생한다. ② 사회와 국민은 쇼크 상태에 빠진다. ③ 국민은 자신의 과거 신념과 행동을 비난한다. ④ 이전에 강력하게 유지했던 제도들을 저항 없이 포기한다. 그녀에 따르면, 프리드먼과 그 추종자들은 1970년 칠레, 1980년 아르헨티나, 1990년대 러시아, 그리고 마침내 1997년 한국에도 이 공식을 적용했다. 이 공식대로 이들 나라에서 재난 발생 후 위기를 조장하고, 내부의 시장주의 관료를 동원해 강압적으로 민영화·탈규제·사회지출 삭감 등 극단적 자본주의로 개조하는 일을 벌였다는 것이다. 긴급 재난 사태의 발생, 즉각적인 시장개방 요구와 수용 강요, 원인의 내부화, 동조 세력의 등장 등 〈국가부도의 날〉에 나오는 1997년 한국의 금융위기 사태에서도 쇼크 독트린의 공식이 거의 그대로 들어맞는다.

나오미 클라인에 따르면, 프리드먼이 대규모 충격이나 위기를 이용하는 방법을 처음 알아낸 것은 1970년대 칠레의 독재자 피노체트 장군의 자문으로 일할 때였다. 1973년 피노체트는 쿠데타를 통해 좌파 연합정권인 아옌데 정부를 무너뜨렸다. 그 직후 하이퍼인플레이션이 찾아왔고 경기침체와 실업 등으로 칠레인은 정신적 충격에 빠졌다. 엄청난 재난이었다. 이때 프리드먼은 피노체트에게 세금 감면, 자유무역, 민영화된 서비스, 사회지출 삭감, 탈규제화 등 신속한 경제변혁을 추진하라고 조언했다. 가장 극단적인 자본주의로 개조할 것을 권고한 것이다. 프리드먼은 이 과정에서 순식간에 진행되는 전면적인 경제 전환이 대중에게 적응을 촉진할 심리적 반응을 불러올 것으로 예상했다. 달리 말하면 경제적 쇼크요법이 사회주의적 성향에서 자본주의적 성향으로 체질을 개조할 수 있다고 판단했다.

위기와 재난을 이용하는 아이디어는 처음부터 프리드먼의 상투적 수법이었다. 프리드먼이 추구하는 근본주의적 자본주의는 재난이 있어야 출현할 수 있었는데, 그 이유는 커다란 위기 상황은 유권자의 뜻을 무시할 수 있는 환경을 만들어내고 '경제기술관료'에게 국가를 넘겨주기 때문이라고 한다. 이는 곧 근본주의적 자본주의는 민주주의가 파괴된 백지 상태에서 번성한다는 뜻이다.

프리드먼과 그 추종자들은 영리 추구 모델을 국가의 일상적 기능에도 도입하는 것을 목표로 삼았다고 한다. 한마디로 정부의 민영화가 그들의 목표였다. 나오미 클라인은 그 대표적인 사례로 부시 행정부가 군인들에 대한 의료서비스부터 죄수심문과 국민을 대상으로 하는 정보수집, 데이터마이닝에 이르는 정부의 핵심 기능을 아웃소싱한 전력을 든다.

'시카고 보이즈'와 프리드먼 실험의 비극

밀턴 프리드먼의 경제이론을 계승하는 일군의 학자를 '시카고학파Chicago School'라고 하고 시카고대학이나 그 대학의 프로그램으로 공부한 후 현장에서 실천하는 인물들을 '시카고 보이즈'라고 일컫는다. 〈국가부도의 날〉에서는 '하버드 MBA' 동문이 바로 시카고 보이즈를 대신하고 있다. 『쇼크 독트린』은 시카고 보이즈의 탄생 과정을 매우 흥미롭게 소개한다.

2차 세계대전 직후 남미의 남부 원추지대(칠레, 아르헨티나 등)에는 '발전주의 경제학'이 뿌리 깊게 자리 잡고 있었다. 발전주의developmentalism('개발주의'라고도 함)란 경제이론의 하나로, 제3세계가 발전하기 위해서는 강력하고 다양한 내수시장을 촉진하고 수입품에 높은 관세를 부과해야 한다는 이론이다.

1953년 어느 날, 발전주의의 확산에 대응하기 위해 두 미국인(엘비언 패터슨 미 국제협력처의 칠레 지부장과 시어도어 슐츠 시카고대학 경제학부 학장)이 만났다. 그들은 국가 주도 경제의 본산인 칠레를 정반대로 바꿔 최첨단 자유시장의 실험실로 만들려는 계획을 세웠다. 이른바 '칠레 프로젝트'였다. 세계에서 반좌익 성향이 가장 두드러진 학교인 시카고대학에서 칠레 학생들이 공부할 수 있도록 미국 정부가 돈을 대는 한편, 시카고대학 교수들은 칠레로 가서 칠레 경제를 연구하는 동시에 칠레 학생들과 교수진을 시카고학파 근본주의자로 훈련시킨다는 계획이었다.

칠레 프로젝트의 목적은 좌익 성향의 남미 경제학자들과의 전투에서 승리를 거둘 전사를 길러내는 것이었다. 1957년에서 1970년의 기간 동안 학생 100명이 시카고대학에서 석·박사학위를 취득했는데, 이들 중 상당수가 남미 개발주의의 문제점을 분석하는 연구로 박사학위를 받았다. 이들이 바로 대표적인 시카고 보이즈다. 그런 가운데 1970년 살바도르 아옌데의 인민 연합정부가 탄생했다. 그러자 미국은 아옌데 정부가 출범하기 전부터 경제적 붕괴의 위협을 가해 국유화 조치를 철회하게 만들겠다며 대놓고 깊은 적대감을 드러냈다. 또한 칠레 재계 지도자들은 매주 비밀리에 모임을 갖고 시카고 보이즈를 고용해서 신자유주의 노선으로 국가를 개조할 방법을 논의했다.

1973년 9월 11일, 아우구스토 피노체트 장군과 후원자들이 마침내 쿠데타를 일으켰다. 아옌데 대통령은 군사적 대치 과정에서 사망했다. 정권을 잡은 피노체트는 민영화, 규제철폐, 사회복지비용 감축이라는 세 가지 자유주의 정책을 실험했다. 시카고 보이즈는 피노체트에게 각 분야에서 정부가 단번에 손을 떼면 '자연스러운' 경제법칙이 즉각 균형을 찾을 것이라고 장담했다. 하지만 칠레의 경제는 나락으로 떨어지기 시작해, 1974년 인플레이션이 375퍼센트였고 생필품 가격은 천정부지로 치솟았으며 실업률도 대폭 올라갔다. 자유주의 정책 실험은 완전한 실패작이었다. 그런데 시카고 보이즈는 오히려 철저하게 이론이 적용되지 않은 탓이라고 주장했다. 그러나 상황이 점점 악화되자 시카고 보이즈를 쿠데타에 끌어들인 사엔스라는 인물은 시카고학파의 실험 결과가 '경제 역사상 최악의 실패'라고 선언하기에 이르렀다.

혼란이 계속되던 중 1975년 3월, 밀턴 프리드먼이 칠레의 수도 산티아고를 방문했다. 그는 많은 것을 포기하더라도 자유시장을 받아들여야 한다는 내용으로 강의도 했다. 구체적으로는 정부지출을 더욱 줄여 6개월 안에 전 영역에 걸쳐 25퍼센트를 삭감하고 완전한 자유무역을 위한 비즈니스 친화 정책을 채택할 것을 요구했다. 더 강력한 '쇼크요법'을 주문한 것이다. 하지만 그 이후 칠레 경제는 15퍼센트나 더 위축되었고 실업률은 3퍼센트에서 20퍼센트로 치솟았다.

1982년이 되자 칠레 경제는 더욱 처참히 무너졌다. 부채는 급격히 늘어났고 하이퍼인플레이션이 발생했으며 실업률은 30퍼센트에 달했다. 결국 칠레는 사람들이 늘 무료배식을 받으려고 줄을 서서 차례를 기다리는 나라, 장티푸스가 창궐하고 공장들이 줄지어 파산하는 나라로 전락하고 말았다. 1980년대에 칠레 경제가 그나마 완전 붕괴에 이르지 않았던 것은 피노체트가 칠레 수출의 85퍼센트를 차지하는 구리 광산회사 코델코Codelco를 민영화하지 않았기 때문이었다고 한다.

자유시장의 역사는 쇼크 속에서 쓰였다

나오미 클라인은 프리드먼의 이론이 공산주의(볼셰비키) 이론과 유사하다고까지 매몰차게 평가한다. 그 이유는 이렇다. 프리드먼이 염두에 둔 위기는 환율 붕괴·시장 붕괴·극심한 경기침체 등이다, 그런 상황이 닥치면 위기 극복이 가장 중요한 과제이므로 민주주의가 잠시 보류된다, 그러면 동의나 합의를 구할 필요가 없는 정치적 공백 기간이 필요해진다, 그런데 프리드먼 이론이나 공산주의 이론은 모두 그 공백 기간에만 작동한다, 그런 점에서 프리드먼의 이론과 공산주의 이론이 유사하다는 것이다. 그녀의 평가는 다음과 같은 독설로 이어진다. "1980년대 중반, 이런 공산주의 사상이 시카고학파에 의해 다시 부활한다. 즉 시장 붕괴는 좌익혁명을 불러오지만 우익 반혁명도 촉진할 수 있다."

『쇼크 독트린』은 규제받지 않는 자본주의의 승리는 자유에서 나왔다는 프리드먼의 주장을 반박하는 동시에 국가와 개인들에 대한 잔인한 억압 속에서 근본주의적 자본주의가 출현했다는 사실을 입증하는 책이다. 그러니까 이 책의 주장은 한마디로 자유시장의 역사는 쇼크 속에서 쓰였다는 것이다. 달리 말하면 쇼크가 없었다면 자유시장은 존재할 수 없었다는 얘기다.

자유시장과 프리드먼을 주술처럼 떠받드는 사람들에게 "경제는 너무나 중요해서 경제학자들에게 맡길 수 없다"라는 말을 꼭 들려주고 싶다. 또 "우리가 경제학을 공부해야 하는 이유는 경제학자들에게 속지 않기 위해서다"라는 말도 있다. 아 참, "유한의 세계에서 끝없는 경제성장이 계속될 것으로 믿는 자는 미치광이이거나 경제학자다"라는 말도 있다. 여기서 말하는 경제학자란 시장의 만능을 주술처럼 외치는 신고전학파(신자유주의) 경제학자임은 물론이다.

주식회사의
놀부 심보

2011년 4월, 서울의 한 대학병원에서 원인불명의 폐렴으로 임산부 환자 네 명이 잇달아 사망했다. 역학조사 결과 이들은 가습기 살균제의 독성 탓에 사망한 것으로 확인되었다. 이로써 '가습기 살균제 사건'이라 불리는 최악의 화학 참사가 세상에 드러났다. 1994년 처음 출시돼 1,000만 병 가깝게 버젓이 팔리는 동안 원인 모를 피해자만 양산하던 가습기 살균제의 정체가 17년 만에야 비로소 밝혀진 것이다. 하지만 제품의 위험성을 알고도 판매한 기업과 이를 허가해준 정부 관계자는 가벼운 처벌을 받는 데 그쳤다.

2017년 4월, 피해자 유가족과 시민사회의 강력한 요구로 피해구제를 위한 특별법이 제정되었다. 피해구제를 위한 조정안이 마련된 것은 2022년 3월이었다. 사건이 밝혀진 지 11년 만이었고 처음 출시된 때를 기점으로 따지면 28년 만이었다. 하지만 많은 분담금을 내야 하는 옥시와 애경산업이 조정안의 수용을 거부하며 사건은 여전히 진행 중이다. 그 기업들은 도대체 어떤 생각으로 사회적 합의까지 무시하며 버티고 있는 것일까?

왜 대주주는 보이지 않을까?

2022년 4월에는 이 사건을 소재로 한 영화 〈공기 살인〉이 개봉되었다. 이 영화에는 가해자 기업의 속내를 짐작할 수 있는 발언이 나온다. 가해 기업 중 옥시를 연상시키는 다국적기업 '오투'의 한국 대표는 자신의 심복인 팀장에게 이렇게 말한다.

> 대한민국 인구가 5,000만 명이라고 치면, 그중에 몇 명이나 우리 깔끔이(오투의 가습기 살균제 브랜드)를 썼을까? 아마 1,000만 명은 넘겠지? 우리가 그렇게 팔았으니까 말이야. 그래서 1,000만 명 다 죽었니? 그중에 고작 몇 명 죽은 거야. 재수 없는 교통사고 같은 거라고 이게…….

대표와 팀장은 그런 비인간적 태도로 막대한 뇌물을 뿌리며 사태를 자신들의 입맛에 맞게 수습했다. 그리고 필시 대주주에게 그런 능력을 인정받았을 두 사람은 각각 오투의 아시아 총괄 디렉터와 한국 대표로 승진하게 된다.

이 영화는 무책임하고 파렴치한 기업인 말고도 돈에 매수되어 진실과 정의를 저버린 교수며 국회의원이며 법조인 등 이른바 지도층의 추악한 민낯도 보여준다. 이렇듯 가습기 살균제 사건은 우리 사회를 좀먹는 추악한 부패 카르텔을 보여주는 사건이기도 했다. 그런데 나는 이 영화를 통해 이 사건을 되짚어보면서 풀리지 않는 의문에 사로잡혔다. 대주주의 책임에 관한 문제였다.

기업의 대표나 임원이 대주주일 수도 있지만 그들은 대개 자신의 경영성과로써 대주주들에게 재신임의 여부나 연봉의 액수와 등락의 비율을 결정받는 존재다. 따라서 대표나 임원은 대주주의 이익을 대변하는 인물일 수밖에 없다. 그렇다면 중대한 사건에 대해 가장 큰 법적·도덕적 책임을 져야 하는 사람은 마땅히 대주주여야 한다. 대주주는 대표를 포함한 임원을 선임하고 중요한 사업을 승인할 권리를 행사하는 주체이기 때문이다.

기업이 사회적 참사를 저지를 때 대주주는 왜 보이지 않을까? 기업의 대주주는 왜 부패 카르텔에서 빠져 있는 것처럼 보일까? 법적으로든 도덕적으로든 피해자와 유족을 포함한 우리 사회의 구성원들은 대개 부도덕하고 비윤리적인 상행위를 결정한 기업이나 경영진에게는 응당 책임을 묻고 있지만(물론 그래도 그들은 기를 쓰고 책임을 지지 않으려 하고 있지만), 그런 결정을 지시하거나 승인한 대주주에 대해서는 왜 아무런 법적·도덕적 책임을 묻지 않을까? 이 의문을 풀어주는 책이 김종철 교수의 『금융과 회사의 본질』이다. 이 책에 따르면 그 이유는 한마디로 '재산권과 계약권의 이종교배'에 있다. 이 생소한 용어의 뜻을 살펴보기 전에 먼저 하나의 사례를 생각해보자.

재산권과 계약권을 다 갖겠다는 놀부 심보

A씨는 노후자금을 모아 상가건물의 점포 한 채를 분양받았다. 역세권은 아니어도 주변에 사무실도 제법 많고 멀지 않은 거리에 학원가도 있어서 유동 인구가 적지 않은 곳이었다. 주변 얘기를 종합해보니 식당을 차리면 잘될 것 같았다. 문제는 A씨가 직접 식당을 운영할지 세를 놓을지를 결정하는 일이었다. 평소 미식가 소리를 듣는 그는 맛집으로 유명해져서 대박을 터뜨리고 싶은 욕심도 있었다. 하지만 공기업만 다니다 정년퇴직한 A씨로서는 아무리 입지가 좋다고 하더라도 식당을 직접 운영하기는 부담스러웠다. 잘되면 좋겠지만 자칫하다 노후자금을 다 날리고 쪽박을 찰 수도 있기 때문이다. 그래서 세를 놓고 안정적으로 월세를 받자는 아내의 제안에도 귀가 솔깃해졌다. 하지만 월세만으로는 노후생활이 넉넉하지 않겠다고 생각하니, 직접 식당을 운영해서 높은 소득을 보장받을 수 있는 기회를 포기하고 싶지 않았다. 어느 한 경우를 선택하기 어려워지자 그는 엉뚱한 상상을 했다. 직접 운영하되 잘되면 그대로 수익을 다 가져가고, 잘 안 되더라도 최소한 월세를 보장받

는 방법은 없을까?

이 사례에서 점포를 직접 운영할 때 행사하는 권리를 '재산권'이라 부른다. 이는 자신이 재산(점포)을 소유한 덕에 생기는 권리로, 업종을 택하고 종업원을 뽑고 인테리어 디자인을 결정하는 등 점포 운영을 위해 행사하는 전반적인 권한을 말한다. 재산권자는 당연히 이익금 전액을 챙길 수 있지만 그 대신 적자가 나면 그 손실을 고스란히 떠안아야 한다. 한편, 세를 놓을 때 발생하는 권리를 '계약권'(혹은 채권)이라 부른다. 이는 자기 재산을 임차인에게 일정 기간 빌려주는 대신 임대료나 이자 등 지대를 받을 권리를 말한다. 임대 기간에는 재산권이 정지되지만, 그 대신 임차인의 가게가 파리를 날리더라도 재산권자에게는 임대료를 꼬박꼬박 받을 권리가 보장된다.

그런데 A씨가 한 엉뚱한 상상은 재산권과 계약권을 모두 소유한 상태에서 필요에 따라 자신이 원하는 권리를 골라서 행사하겠다는 것이다. 상식적으로 생각해도 이러한 조건이 성립되기는 불가능하다. 이는 세를 놓은 다음에도 임차인에게 감 놔라 배 놔라하며 온갖 간섭을 하고서도, 장사가 잘되면 재산권을 행사해서 이익을 다 가져가고 장사가 부진해서 적자가 나더라도 재산권 대신 계약권을 행사해서 임차인에게서 월세나 보증금 따위를 뜯어가겠다는 얘기 아닌가. 이렇게 얼토당토않은 욕심을 한마디로 '놀부 심보'라고 부른다. 아니 놀부도 기가 막혀 할 일이다.

19세기 영국에서 시작된 '재산권과 계약권의 이종교배'

『금융과 회사의 본질』에 따르면, 아니 상식적으로 생각하더라도 재산권과 계약권은 한 사람 또는 하나의 주체가 가져서는 안 된다. 계약권은 계약 당사자들 간에만 적용되는 권리인 반면, 재산권은 다른 사회 구성원 모두에게 배타적으로 적용되는 권리라는 점에서 두 권리는 이질적이므로 서로 혼합되기가 불가능하다. 채권자는 자신의 재산권을 일정 기간 채무자에게 넘겼으므로 그 기간에 더는 재산권자가 아니다. 그런데 한 사람이 재산권도 누리고 채권도 누린다면, 그 사람은 재산권을 양도한 상태면서 동시에 양도하지 않은 상태이기도 한 모순적인 상황이 발생한다. 마치 살아 있는 고양이와 죽어 있는 고양이가 공존하는 상태를 뜻하는 '슈뢰딩거의 고양이'가 연상되는 상황이다. 이 책은 이를 두고 '재산권과 계약권의 이종교배'라고 부른다. 로마법에서는 이를 횡령에 해당하는 불법적인 일로 간주했으며, 중세까지도 유럽 사회에서는 이를 엄격하게 금지했다고 한다.

그런데 그 말도 안 되는 일이 19세기 영국에서 벌어졌다. 1837년 '블라이 대 브렌트 소송 사건'이라는 희대의 사건을 다룬 영국 보통법정의 판례와 1855~1862년 사이에 도입된 일련의 회사법들에서 수립된 유한책임 제도, 이 두 가지 원칙을 통해 '재산권과 계약권의 이종교배'가 합법화되었다고 한다. 이로써 주주가 재산권 행사에 따른 책임을 져야 할 때는 회사를 주주들과는 독립된 인격체

(법인)로 간주해 이 독립된 법인격체가 모든 책임을 대신 떠안게 되었다. 그때부터 주주는 회사 자산의 법적 재산권자가 아니므로그 자산을 회사가 이용하다가 문제가 생겨도 주주는 그 어떤 법적 책임도 지지 않게 되었다. 이러한 주주의 채권자적 성격은 유한책임제도로 더 강화되었다고 한다.

『금융과 회사의 본질』에 따르면, 자본주의 역사에서 '재산권과 계약권의 이종교배'는 회사법을 통해 공고한 제도로 자리 잡아왔다. 이처럼 회사법의 역사는 무책임의 합법화 과정이었다며 "자산가들이 재산권은 행사하고 책임은 회피하는 것을 제도화한 게 바로 자본주의의 본질"이라고 이 책은 단정한다. 주주의 무책임성과 비윤리성이 강화된 계기가 바로 이 무책임한 제도에 있었다.

『풍요의 조건』의 저자 자라 바겐크네히트도 "한 기업의 소유자에게 그 기업에서 형성한 모든 수익을 완벽하게 자기 마음대로 사용토록 보장하지만, 그 기업이 안게 된 위험에 대해서는 처음에 투자한 자본금만큼만 책임을 지운다"라며 주식회사의 놀부식 소유권 제도를 비판한다.

『금융과 회사의 본질』은 근대적 회사의 뿌리를 13~17세기에 영국에서 형성된 신탁trusts에서 찾는다. 영국 귀족들은 왕에게 반환해야 할 토지를 불법적으로 상속하기 위해 토지의 재산권을 제3자에게 맡기는 대신 배당금을 받는 신탁제도를 고안해냈다. 신탁계약은 귀족의 허락 없이는 땅을 함부로 처분하지 못하도록 하는 등 귀족의 실질적 재산권도 보장해주도록 설계되었다. 17세기 후반

영국 귀족들이 왕을 상대로 한 싸움에서 승리해 얻어낸 이 특권적인 제도가 주식회사로 이어진 것이다.

주주의 책임을 최소화한 유한책임제도는 18세기 말부터 영국에서 시작된 산업혁명기에 자금을 모으기 위해 정착되었다는 설도 있다. 하지만 이 제도는 순전히 부유한 계층의 불로소득을 보장해주기 위해 정치가들이 베푼 특혜였다고 이 책은 단언한다. 당시 산업가들은 오히려 이 제도에 반대했다고 한다. 19세기 막바지에 유한책임 주식회사가 급속히 증가했다. 이는 기술적 발전과 자본 수요의 증가 때문이 아니라 자본가들이 경쟁을 피해 독점의 이익을 취하기 위해서였다고 파악한다.

이 책은 '재산권과 계약권의 이종교배'라는 모순적인 제도의 대안으로, 실제 일을 행하는 경영자와 종업원들의 민주적인 시스템에 회사의 의결권과 이사 선임권을 맡겨야 한다고 제안한다. 그러려면 직장 내 민주적인 의사결정 구조가 정착되고, 기업의 공공성과 사회적 책임을 회사법의 원칙으로 제정하며, 주식회사를 협동조합으로 변경해야 한다고 전제한다. 하지만 이런 제안이 성사되려면 뿌리 깊은 부패 카르텔의 결사적인 저항을 넘어야 할 터인데, 갈 길이 멀다.

사회적 참사를 언제까지 반복할 것인가?

다시 '가습기 살균제 사건'으로 돌아가 보자. 왜 대주주는 아무런 책임을 지지 않는가? 앞에서 살펴보았듯이 대주주가 '재산권과 계약권의 이종교배'라는 법적으로 보장된 혜택을 누리고 있기 때문이다. 이렇듯 놀부가 들어도 기막힌 일을 기반으로 자본주의는 번영했고 여전히 번영하고 있다. 하지만 그 번영의 뒤안길에서 가습기 살균제 사건뿐만 아니라 2007년 삼성전자의 반도체 직업병 사건과 삼성중공업 기름유출 사건, 2014년 세월호 사건 등 사회적 참사가 연이어 벌어져도 대주주는 여전히 법적·도덕적 책임에서 벗어나 있다. 2022년의 10·29 참사에서도 그 데자뷰를 보는 듯하다. 이 경우에는 참사의 최종 책임자인 고위 공직자가 대주주 흉내를 내는 것으로 보인다. '재산권과 계약권의 이종교배'라는 놀부 심보의 원칙이 사라지지 않는 한 불행은 반복될 것이다.

04

부르주아의 배반

또 다른 계급사회의
특권층이 되다

부르주아의
다섯 가지 얼굴

영국 출신으로 문화연구 분야의 선구자인 레이먼드 윌리엄스(1921-1988)는 『키워드Keywords』에서, 부르주아bourgeois는 영어로 써먹기가 매우 난감한 단어라고 토로했다. 그는 그 첫 번째 이유로 아무리 세계적인 보편성을 지닌 단어라고 해도 명백히 프랑스어이기 때문이라는 점을 들었다. 같은 서구어인데도 그럴진대 하물며 한국인이 외래어로 써먹을 때는 더 말할 나위도 없을 듯하다. 다음으로 그는 한물간 이념으로 여겨지는 마르크스주의 냄새를 물씬 풍기는 데다가 20세기 후반부터는 은근한 경멸의 의미까지 담고 있다는 점도 이 용어를 써먹기가 난감한 이유로 들었다.

아무리 그렇더라도 부르주아를 빼놓고 근대를 말할 수는 없다. 문제는 부르주아가 근대의 주역임은 분명하지만, 그 역할과 의미에 대한 해석은 시대나 정치적 입장에 따라 사뭇 다르다는 점이다. 나만 해도 살아오는 동안 다섯 가지 유형의 서로 다른 부르주아를 만났다. 내 삶에서 다섯 가지 얼굴로 나타난 그 부르주아들에 각각 재미있는 이름을 붙여보았다. 만난 순서대로 그 이름은 '전교 1등 부르주아', '날라리 부르주아', '피도 눈물도 없는 부르주아', '범생이 부르주아', '허풍선이 부르주아'다.

세계사 교과서와 '전교 1등 부르주아'

내가 만난 첫 번째 부르주아는 고등학교 세계사 시간에 배운 '전교 1등 부르주아'였다. 이는 부르주아가 근대의 두 핵심 가치인 자본주의와 대의민주주의를 구축한 주역이었음을 의미한다. 얼마 전 확인해보니 오래전 내가 배운 내용과 요즘 가르치는 내용이 크게 다르지 않았다. 전국역사교사모임이 펴낸 『살아있는 세계사 교과서』의 '부르주아, 근대의 주인공으로 등장하다' 항목을 보면, "부르주아들은 자부심이 대단했다. 낡은 전통에 매달려있던 귀족들을 비웃었을 뿐 아니라, 여전히 땅에 묶여 사는 농민들도 한심하게 여겼다. 주먹구구식으로 운영되던 수공업 작업장을 인수해 대규모 공장으로 만들고, 분업의 이익을 일찌감치 알아차린 것도 이들이었다"라고 설명하고 있다. 또한 1789년 당시 프랑스 구체제의 특권층인 귀족과 성직자들의 횡포를 참을 수 없어 분연히 일어나

레이먼드 윌리엄스
Raymond Williams

봉건적 특권을 폐지하고 인권선언을 선포하는 등 부르주아가 프랑스 혁명의 주역으로 크게 활약했다는 사실도 소개하고 있다. 이러한 관점은 대한민국 정부의 공식 부르주아관이라고 말해도 좋을 듯하다. 만일 대학수학능력시험이나 EBS 〈장학퀴즈〉에서 부르주아에 관한 문제가 나온다면, 응당 그런 관점에서 서술한 문항을 답으로 표시해야 점수를 얻을 수 있을 것이다.

1980년대 운동권과 '날라리 부르주아'

내가 만난 두 번째 부르주아는 대학 입학 이후 캠퍼스에서 접한

'날라리 부르주아'였다. 내가 대학을 다니던 1980년대 초, 특히 운동권 대학생들은 부르주아라는 말을 사치와 감상에 빠져 변혁운동에 걸림돌이 되는 무리라는 의미로 입에 올리곤 했다. 운동권의 정서가 캠퍼스를 지배하던 그 시절, 대학생의 정체성을 확인하는 가장 우선적인 기준은 운동권이냐 아니냐는 것이었고, 두 번째 기준은 부르주아냐 아니냐는 것이었다. 나를 포함한 학생들 대다수는 운동권도 아니었지만 그렇다고 부르주아도 아니었다. 단순하게 말한다면 당시 대학생은 운동권, 부르주아, 그리고 이도저도 아닌 자 이렇게 세 부류로 나뉘었던 셈이다.

얼마 전 『서른 잔치는 끝났다』로 유명한 최영미 시인의 인터뷰 기사를 우연히 보다가 부르주아라는 단어가 눈에 띄어 흥미롭게 읽은 적이 있다. 그 인터뷰에서 그녀는 대학교 1학년 때 학교에 부츠를 신고 갔다가 '부르주아적'이라며 욕을 먹고는 다시는 못 신었던 일화를 떠올리면서, 연애를 하는 것은 물론이고 취미를 가지거나 취미가 뭔지 묻는 일조차 부르주아적 행위로 금기시했던 당시 캠퍼스의 경직된 분위기를 전해주었다.

이처럼 1970~1980년대에는 부르주아가 일상의 세세한 측면까지 아우를 만큼 넓은 외연을 가진 용어였다. 가령 팝송이나 대중가요를 듣거나 부르는 일, 미팅에 나가고 축제에 참여하는 일 등 젊은 대학생으로서 얼마든지 할 수 있는 일들도 모두 '부르주아적'이라는 이유로 비난의 대상이 되었다. 이념의 흑백논리가 그만큼 엄정하게 적용된 탓에, 마치 문화혁명 시기 중국의 홍위병들이 벌인 극좌운동이 연상될 정도였다. 그러니 운동권이었던 최 시인에게 '부르주아적'이라는 낙인은 '날라리'라는 말만큼이나 모욕적인 비난으로 들렸을 것이다.

이러한 부르주아관은 해방공간의 좌익 세력에게서 유래한 것으로 보인다. 1949년 여순 사건을 배경으로 하는 대하소설 『태백산맥』의 한 대목을 보자. 이 소설에서 부르주아는 병들고 타락한 속물로, 물질 만능의 자본주의 문화에 빠져 헤어나지 못하는 존재로 그려진다.

> 화투놀음이라는 것은 병든 부르주아 근성과 타락한 자본주의 의식이 뒤섞여 만들어낸 대표적인 악성 습관이었다. 그런데 프롤레타리아일 뿐인 처지에서 그 못된 병에 감염되어 손쉽게 돈 얻기를 소원하고, 그 돈으로 부르주아적 생활을 향유할 수 있기를 꿈꾸는 것이다. 그러나 그것은 악성 습관에 병들어 있는 착각이고 몽상일 뿐이었다.
>
> 『태백산맥』 2부 4권 7장, '쑥떡뿐인 설' 중에서

마르크스주의와 '피도 눈물도 없는 부르주아'

내 생애 세 번째 부르주아는 마르크스주의를 공부하면서 만난 '피도 눈물도 없는 부르주아'였다. 이는 비인간적이고 이기적이며 탐욕적이고 타산적인 부르주아라는 의미로, 대개 『자본론』의 저자

카를 마르크스(1818-1883)의 견해에 따른 부르주아를 지칭한다. 1848년 마르크스가 프리드리히 엥겔스와 함께 영국 런던에서 발표한 『공산당 선언』을 보면 당시 가장 뛰어난 공산주의 사상가의 부르주아관을 잘 알 수 있다.

지배권을 얻은 부르주아지는 봉건적, 가부장제적인 그리고 목가적인 관계들을 모두 파괴했다. 그들은 타고난 상전들에게 사람들을 묶어놓던 갖가지 색깔의 봉건적 끈들을 가차 없이 끊어버렸고 인간과 인간 사이에 적나라한 이해관계, 무정한 '현금 지불' 외에 다른 어떤 끈도 남겨두지 않았다. 그들은 신앙심에서 우러나오는 경건한 광신, 기사의 열광, 속물적 애상의 성스러운 전율을 이기적 타산이라는 얼음같이 차가운 물 속에 익사시켰다. 부르주아지는 개인의 존엄을 교환가치로 용해시켰고, 문서로 확인되고 정당하게 획득된 수많은 자유들을 단 하나의 비양심적인 상업 자유로 대체했다. 간단히 말해 그들은 종교적, 정치적 환상들로 은폐된 착취를 공공연하고 파렴치하며 직접적이고 무미건조한 착취로 바꿔놓았다.

마르크스가 파악한 부르주아는 이처럼 경건하고 성스럽고 존엄한 모든 것을 교환가치로 바꾸어놓았을 뿐만 아니라 수많은 정당한 자유를 상업의 자유 하나로 대체한 노골적인 착취자였다. 이러한 이유로 부르주아는 봉건제를 타파하는 혁명의 주역이었으나 이내 혁명의 대상인 공공의 적으로 바뀌었다. 마르크스는 그 결과

"굳고 녹슨 모든 관계 그리고 그 산물인 오래되고 신성한 관념들과 견해들은 해체되었고 새롭게 형성된 것은 굳기도 전에 낡은 것이 되어버린다. 신분적이고 정체된 것은 모두 증발하고 신성한 것은 모두 모독당하며, 그래서 사람들은 마침내 자신들의 사회적 지위, 상호 관계를 좀 더 냉철한 눈으로 바라보지 않을 수 없게 되었다"라며 부르주아가 지배하고 있는 자본주의 체제의 타도에 나설 것을 역설했다.

하지만 그의 기대와는 달리 그 후 약 한 세기 반이 지난 1990년 무렵, 마르크스에서 비롯된 이념으로 구축된 공산주의 체제는 마침내 역사의 뒤안길로 사라져버렸다. 반면 그가 투쟁의 대상으로 지목한 부르주아는 오히려 욱일승천의 기세로 크게 용트림하고 있었다. 부르주아를 대변하는 한 철학자가 자본주의와 자유주의의 영원한 승리를 꿈꾸며 '역사의 종말'을 선언한 것도 바로 그 무렵이었다.

프로테스탄티즘 윤리와 '범생이 부르주아'

공산권이 붕괴하면서 자본주의의 영세불망이 예상되었던 1990년대 초, 나는 네 번째 부르주아를 접했으니 이름 하여 '범생이 부르주아'였다. '범생이'란 잘 알려진 대로 모범생을 뜻하는 속어다. 이는 금욕과 절제를 통해 자본주의를 성공으로 이끈 부르주아라는 의미로, 막스 베버가『프로테스탄티즘의 윤리와 자본주의 정신』에서 설명한 부르주아를 지칭한다.

막스 베버는 19세기 말에서 20세기 초 사이에 존재했던 근대적 기업의 경영자들, 즉 부르주아 계급에서 프로테스탄트(개신교도)의 비율이 압도적으로 많다는 점을 주목했다. 그리고 프로테스탄티즘의 금욕적 생활태도와 자본주의적 영리 활동 사이에 깊은 친화관계가 있다는 가설을 세우고 이를 확인하려 했다. 그는 마침내 자본주의 정신의 핵심은 금전욕이나 탐욕이 아니라 경제적 합리성에 있으며, 그 경제적 합리성은 프로테스탄티즘의 금욕적 태도에서 오는 것임을 주장하기에 이르렀다.

베버가 말하는 프로테스탄티즘 윤리의 핵심에는 캘빈Calvin의 예정설이 있다. 이는 구원받도록 선택된 자나 저주받은 자 모두 신이 우주를 창조하는 그 순간에 미리 정해놓았으며, 그 누구도 정해진 운명을 알 수도 없고 변화시킬 수도 없다는 신학 이론이다. 하지만 이에 대한 당시 청교도 사상가들의 해석은 독특했다. 사람들은 오로지 금욕의 직업노동을 통해서 구원의 확실성을 증명할 수 있다고 믿고 이를 행해야 하며, 이렇게 해서 얻은 부는 신이 내려준 은혜이며 구원의 징표라고 해석했다. 나아가 부의 축적 자체가 신의 명령이라고 주장하기도 했다.

부는 게으름과 죄 많은 향락에의 유혹일 경우에만 윤리적으로 사악한 것이며, 부의 추구로 안일한 삶을 목적으로 하는 경우에만 사악

막스 베버
Max Weber

한 것이다. 오히려 그것(부)은 직업 의무의 수행으로서 도덕적으로 허용될 뿐만 아니라, 실제로 명령되는 바이다.

막스 베버는 이 같은 논증 과정을 통해 프로테스탄티즘의 금욕 윤리가 자본주의 정신을 고양시켜 영리 활동을 도덕적으로 정당화했으며, 이를 통해 자본의 축적이 가능해졌음을 강조했다. 이때의 주역이 바로 내가 앞에서 말한 '범생이 부르주아'였다. 모범생처럼 금욕하면서 열심히 모은 돈을 낭비하지 않고 쌓아두었다가 다시 재투자하는 건실한 인간이라는 뜻이다.

프로테스탄티즘의 금욕윤리를 자본주의의 기원으로 삼는 베버의 견해는 여러 측면에서 비판받았다. 아일랜드 더블린대학 키어런 앨런 교수의 『막스 베버의 오만과 편견』이 대표적이다. 앨런 교수는 첫째로 자본주의의 결과로 나타난 프로테스탄티즘 윤리를 자본주의의 원인으로 뒤집어 해석했다는 점, 둘째로 자신의 주장을 뒷받침하려고 프로테스탄트 신학 교리 가운데 일부만 선별했다는 점, 셋째로 자본주의 발흥의 물질적 조건을 무시하다 보니 초기 자본축적이 얼마나 무자비했는지를 전혀 설명하지 않는다는 점을 지적한다. 앨런은 결국 자본가들을 금욕적이고 성실한 도덕적 인간으로 치켜세우고, 자본주의의 기원을 낭만적으로 묘사하는 데 일조했을 뿐이라며 베버의 주장을 깎아내렸다.

사회학자 이진경도 『맑스주의와 근대성』에서 자본주의와 자본주의 정신을 동일시했거나 자본주의를 자본주의 정신으로 환원했다는 점, 자본가와 노동자를 동일시했다는 점, 종교적 모델의 과잉 일반화를 통해 합리적 생활양식을 근대의 본질적인 특징으로 정의함으로써 잔혹하고 피어린 감금과 강제, 규율과 처벌, 감시와 통제의 역사를 보지 못하게 했다는 점을 지적하며 베버의 주장을 비판했다.

『프로테스탄티즘의 윤리와 자본주의 정신』에 나오는 '범생이 부르주아'는 이처럼 많은 한계를 갖고 있는데도 우리 사회의 주류담론으로 자리 잡은 듯하다. 내가 만난 첫 번째 부르주아이자 대한민국 정부의 공식 부르주아관이라고 말한 '전교 1등 부르주아'의 개념도 따지고 보면 이 '범생이 부르주아'와 친인척 관계에 있다. 하기야 '전교 1등'은 대개 '범생이' 중에서 나오는 법이다.

부르주아,
귀족을 꿈꾸다

앞에서 내가 만난 네 가지 형태의 부르주아를 소개했다. '전교 1등 부르주아', '날라리 부르주아', '피도 눈물도 없는 부르주아', '범생이 부르주아'가 그것이다. 그런데 이들은 각각 다른 의미와 맥락을 지니고 있지만, 하나같이 선악의 이분법에 따라 어느 한 극단에 속한 개념들이었다. 그래서 이런 의심이 들었다. 누군가에게는 좋은 부르주아가 필요했고 다른 누군가에게는 나쁜 부르주아가 필요하지 않았을까, 즉 자본주의를 옹호하는 측에서는 부르주아가 좋은 사람이어야 하고 자본주의를 비판하는 측에서는 부르주아가 나쁜 사람이어야 하지 않았을까. 그래서 '전교 1등 부르주아'와 '범생이 부르주아'는 좋은 부르주아의 증거로, '날라리 부르주아'와 '피도 눈물도 없는 부르주아'는 나쁜 부르주아의 증거로 내세워진 것은 아닐까.

부르주아에 대한 수정주의적 해석

이런 의문들을 풀기 위해 나는 좀 더 역사적 실체에 가까운 진실을 찾아 나섰다. 서양사학자 강철구 교수가 인터넷 언론 프레시안에 연재했던 '강철구의 세계사 다시 읽기'는 프랑스 혁명에 관한 여러 연구 성과를 검토하며 부르주아에 관해 몇 가지 중요한 사실을 알려주었다. 프랑스 혁명에 대한 해석은 시대의 정치 상황에 많은 영향을 받아왔는데, 1980년대까지는 대체로 마르크스주의적 해석이 높은 평가를 받았다며, 이는 사회주의가 전 세계적으로 세력을 확장한 사실과 관련이 있다고 강 교수는 해석한다.

마르크스주의적 해석의 핵심은 프랑스 혁명을 새로 일어난 부르주아 계급과 전통적인 질서를 유지하려는 귀족 계급 사이의 계급투쟁으로 본다는 데 있다. 문제는 이렇듯 계급투쟁 도식에 맞추어 프랑스 혁명을 전형적인 부르주아 혁명으로 규정하려다 보니 역사 현실과 잘 들어맞지 않았다는 점이다. 반면 1990년대 이후 이러한 한계를 넘어서려는 수정주의적 해석이 점점 세력을 확대하며 지금은 오히려 마르크스주의 해석을 압도하고 있다고 한다. 강 교수는 이러한 연구사적 배경을 소개하면서, 이는 전 세계적인 사회주의의 퇴조, 보수주의 흐름의 확대와 어느 정도 관계를 맺고 있다고 파악한다.

수정주의적 해석의 가장 큰 도발은 부르주아의 혁명성에 의문을 제기했다는 점이다. 그 해석에 따르면 "부르주아 계급은 모든 인류의 이름으로 혁명을 주장하고 선전했으나 실제로 그들의 목표는 좁게 제한되어 있었다. 재산 있는 자의 지배라는 자유주의적 태도가 그것이다. 따라서 구질서와 항상 타협하려 했고 대중의 진정하게 평등주의적이고 민주주의적인 열망을 좌절시키려 했다."

1789년 프랑스 대혁명을 촉발한 것은 '전국신분회'(제1신분인 성직자, 제2신분인 귀족, 제3신분인 평민의 세 신분의 대표가 모여 중요 의제에 대해 토론하는 장으로 보통 '삼부회'로 일컬어짐)였다. 여기에 참석한 제3신분 대표들의 출신을 분석한 한 연구는, 그 가운데 13퍼센트만이 상인, 제조업자, 금융업자라는 사실을 밝혀냈다. 그 외 대표 대부분은 지방의 낮은 직위의 관리들, 검찰관, 판사 같은 직을 역임한 사람들이었다고 한다. 이들은 마르크스주의자들이 생각하는 전형적인 자본주의적 부르주아라고 하기는 어려우며, 이 결과는 부르주아 혁명이라는 용어가 무색해질 수밖에 없는 일이라고 강교수는 평가한다.

혁명 이전의 부르주아 계급과 귀족 계급의 투자 행태를 검토한 한 연구에 따르면, 놀랍게도 그 결과가 비슷했다고 한다. 두 계급의 이해관계가 크게 다르지 않았다는 것이다. 이 연구는 구체제 말의 부르주아와 귀족이 동질적인 지배 엘리트 집단의 구성원이었음을 밝혀내며 귀족이 특권을 독점하지는 않았다는 사실을 논증했다. 많은 부르주아가 면세특권을 부여받거나 영주로서 행동하고 이름에 귀족 칭호를 붙였다고 하며, 귀족과 맞먹는 사회적 권위를 누리거나 귀족의 생활양식을 모방하는 부르주아들도 많았다고 한다.

또 재산을 모은 부르주아들이 귀족 칭호가 붙은 관직이나 영지를 사들였다는 사실도 밝혀졌다. 1725년에서 1789년 사이에 3만 5,000명에서 4만 5,000명 정도의 부르주아가 귀족이 되었다고 한다. 그리하여 1789년을 기준으로 모든 귀족 가문의 최소 4분의 1이 18세기에 들어와 귀족화된 가문으로 추산된다고 한다.

상업이나 산업이 부르주아만의 전유물이 아니라는 사실도 확인되었다. 귀족도 상업이나 산업에 투자했다는 것이다. 실제로 공격적이고 혁신적인 자본주의를 추구한 사람들은 귀족이라고까지 주장하는 학자도 있을 정도라고 한다. 이렇게 귀족과 부르주아는 18세기에 들어와 사회경제적으로 거의 하나의 동질적인 집단을 형성해가고 있었다는 것이 수정주의적 해석의 큰 흐름이다.

강 교수는 이러한 수정주의적 해석이 아직 소수파지만 학계에 확고히 자리를 잡고 있다고 평가하면서, "대부분의 귀족들은 혁명기를 살아남았고 나폴레옹 시대에 다시 힘을 되찾았다. 이들은 나폴레옹 시대에 발전한 관료제를 통해 일부 부르주아 계급과 결합하여 새로운 지배 엘리트인 명사층을 형성했다"고 강조한다. 귀족과 부르주아는 첨예하게 대립한 계급이었으며 시민혁명은 부르주아가 귀족을 쫓아낸 사건이라고 알고 있는 사람들에게는 충격적인 해석이다. 귀족과 부르주아가 실은 도긴개긴이고 그 나물에 그 밥이라는 얘기이니, 마르크스주의자가 아니라 해도 깜짝 놀랄 일이 아닐 수 없다.

부르주아의 속물근성을 풍자한 몰리에르

부르주아는 귀족을 배척하기는커녕 오히려 모방하거나 추종하려 했다는 사실을 밝히는 콘텐츠는 제법 있다. 그중에서 나는 후대의 해석이 아니라 바로 당대의 관점에서 부르주아가 귀족을 모방하는 생생한 현장을 보여주는 한 문학작품에 주목했다. 그것은 바로 몰리에르Molière(1622-1673)의 코미디 발레극 〈부르주아 귀족Le Bourgeois gentilhomme〉(1670)이다. 독일어가 괴테의 언어, 영어가 셰익스피어의 언어, 스페인어가 세르반테스의 언어이듯이 프랑스어는 '몰리에르의 언어'라고 표현된다. 그만큼 몰리에르는 프랑스 문학 역사상 가장 위대한 작가이자 세계 최고의 극작가로 손꼽힌다.

이 작품의 주인공 주르댕 씨는 장사를 통해 많은 돈을 번 부르주아로, 귀족이 되려고 기를 쓰는 인물이다. 음악·무용·철학 등 각 분야 족집게 과외선생을 따로 두고 귀족의 관행을 따라 하려는 장면(장면 1), 귀족들이 오랜 시간에 걸쳐 습득한 에티켓을 단기간에 배우려 드는 장면(장면 2), 자신을 '귀족님'이라고 부른 재단사 보조에게 감동해서 상을 주는 장면(장면 3), 자신을 호구로 보는 귀족에게 속아 연이어 거금을 빌려주는 장면(장면 4), 하녀한테 노골적으로 조롱받는 장면(장면 5) 등 장면 하나하나가 모두 부르주아의 헛된 신분 상승 욕구와 속물근성을 풍자하는 내용으로 구성되어 있다.

| 장면 1 |

음악선생: 나리처럼 관대하고 아름다운 예술에 호의를 가진 분은 매주 화요일 혹은 목요일 집에서 연주회를 가지셔야 됩니다.

주르댕 씨: 귀족들도 그런 연주회를 가집니까?

음악선생: 물론이죠, 나리.

주르댕 씨: 그렇다면 나도 그렇게 해야지. 그게 재미있습니까?

음악선생: 틀림없습니다.

| 장면 2 |

주르댕 씨: 그건 그렇고, 후작부인에게 어떻게 인사해야 하는지 가르쳐주시오. 곧 인사할 필요가 있을 테니 말이오.

무용선생: 후작부인에게 인사하는 법이라고요?

주르댕 씨: 그렇소. 도리멘이라고 불리는 후작부인이오.

(중략)

무용선생: 만약 나리께서 그녀에게 아주 공손히 인사하고 싶다면, 먼저 뒤로 물러나서 인사를 한 번 하고, 이어서 그녀를 향해 앞으로 나가면서 세 번 인사를 합니다. 그리고 마지막에 그녀의 무릎까지 몸을 굽혀서 인사해야만 합니다.

| 장면 3 |

재단사 보조: 귀족님, 재단사 보조들에게도 팁으로 뭔가를 좀 주셔야지요.

주르댕 씨: 지금 나를 뭐라고 불렀지?

재단사 보조: '귀족님'이라고 불렀습니다.

주르댕 씨: '귀족님'이라고! 이게 바로 귀족으로 차려입는 거였군. 이제는 가서 부르주아식으로 늘 입고 다니라고 말하지 않을 테지, '귀족님'이라고 불렀겠다. 자, '귀족님'이라고 불러서 주는 포상이니 받아라.

| 장면 4 |

도랑트: 제게 쾌히 돈을 빌려줄 사람들은 무척이나 많지요. 하지만 당신이 나의 절친한 친구이기 때문에, 내가 다른 사람에게 그걸 부탁한다면 당신에게 폐를 끼치지 않을까 생각했소.

주르댕 씨: 제게는 지나친 영광입니다. 나리, 돈을 가져오도록 하지요.

주르댕 부인: (낮은 목소리로 주르댕 씨에게) 뭐라고요? 당신 또 그 작자에게 돈을 빌려준다고요?

주르댕 씨: (낮은 목소리로 주르댕 부인에게) 그럼 어쩌란 말이오? 이런 지체 높은 분에게 돈을 빌려주는 것을 거절하기를 바라시오? 오늘 아침에도 국왕의 집무실에서 나에 대해 이야기했다는데도 말이지.

| 장면 5 |

니콜(하녀): 호호호! 나리의 괴상한 옷차림을 좀 보세요! 호호호!

주르댕 씨: 그게 어쨌다는 거야?

니콜: 아, 아! 맙소사! 호호호!

주르댕 씨: 저런 교활한 년 좀 보게! 지금 나를 조롱하는 게냐?

(중략)

니콜: 호호!

주르댕 씨: 또 웃어!

니콜: 나리, 차라리 저를 때려주세요. 대신에 제가 실컷 웃도록 내버려두세요. 그게 훨씬 더 낫겠어요.

유한계급과 '허풍선이 부르주아'

선악의 양극단에 서 있지 않은 부르주아, 귀족의 욕망과 사치를 닮고 싶었던 부르주아. 이런 새로운 부르주아관에 눈을 뜬 상태에서 내 시야에 들어온 부르주아가 바로 '허풍선이 부르주아'다. 이는 소스타인 베블런(1857-1929)이 『유한계급론』(1899)에서 '유한계급leisure class'이라고 이름 붙인 부르주아로서, 중세의 귀족과 다를 바 없이 과시적 여가와 과시적 소비(이 두 가지를 통틀어 '과시적 낭비'로 부르기도 한다)를 통해 자신의 부를 과시하는 부르주아를 뜻한다. '허풍선이 부르주아'는 그러한 낭비를 통해 자신이 더 명예스럽고 더 좋은 평판을 지닌 존재임을 사람들에게 확인시키려 했다.

베블런에 따르면, 과시적 여가와 과시적 소비는 '야만 시대' 초기 약탈문화에 그 기원이 있다고 한다. 당시 약탈품(또는 전리품)은 침략의 성공을 보여주는 확실한 증거이자 탁월한 힘의 증거로 존

소스타인 베블런
Thorstein Veblen

경의 이유를 제공했다. 그러나 약탈경제 시대에서 자급자족하는 생산 공동체로 발전하면 약탈품보다 재산 그 자체가 공동체 내 능력의 우열을 부각하는 요인으로 중시되었다. 다시 말해 재산(부)이 일반적인 우월함과 성공을 상징하고 명예와 존경을 얻는 근거가 된 것이다. 그리고 이러한 문화가 더 성숙하면 부모나 선조로부터 받은 부가 노력으로 확보한 부보다 더 명예로운 것으로 여겨지기도 했다.

"재산에 의한 비교와 차별이 행해지는 한, 사람들은 재산을 경쟁하고 재력에 대한 평판을 끝없이 추구하며, 경쟁 상대보다 평판을 더 높이는 것에서 무한한 기쁨을 발견한다." 이 말은 곧 부를 축적하려는 가장 큰 동력은 경쟁심이며 이 경쟁심이 부의 과시를 낳는다는 뜻이다. 문제는 부와 권력을 갖는 것만으로는 존경을 받거나 유지하기 어렵다는 데 있었다. 그래서 부나 권력을 증명할 수 있는 증거가 필요했다. 이때 부를 보여주는(즉 과시하는) 결정적인 증거를 제시하기 위해 동원된 도구가 바로 과시적 여가와 소비였다는 게 『유한계급론』의 핵심 주장이다.

먼저 과시적 여가부터 살펴보자. 약탈경제 시대에는 노동을 열등한 자의 상징으로 여겼다. 약탈문화 단계에서 사람들은 노동을 약자가 하는 것이라거나 주인에게 복종하는 것이라고 생각했다. 이러한 약탈문화의 전통이 근대로 이어진 것이 바로 과시적 여가의 기원이라고 베블런은 보고 있다. 따라서 노동에서 확실히 면제되었음을 보여주는 것이 금전적 성공의 증거로 인정되고 좋은 평판을 얻는 근거가 된다. 반면 생산적 노동에 종사함은 빈곤과 복종의 상징이므로 그 사회에서 평판을 받을 근거가 되지 못한다. 여기서 여가(또는 유한)란 태만이나 무위, 즉 아무것도 하지 않음이 아니라 시간의 비생산적 낭비를 뜻한다는 점을 기억해야 한다.

베블런은 "명예를 지키기 위해 사람들 눈에 띄지 않는 시간에 대해 설득력 있는 설명을 준비하고, 비생산적으로 보낸다는 것을 증명해야 한다"라고 말한다. 여기서 시간을 비생산적으로 보낸다는 유력한 증거로 '전임傳任의 시종'을 둔다는 베블런의 관찰에 주목할 필요가 있다. 주인의 사회적 위신과 평판 유지를 위해 유능한 하인을 활용하는 일을 그는 '유한의 대행'이라고 표현한다. '유한의 대행'이 필요한 이유는 전임의 피고용인이 실제 이상으로 업무를 과시하면 주인의 재력을 증언하는 일이 되기 때문이다. 그는 이렇게 말한다.

> 피고용인의 효용은 생산적 노동에서의 과시적 면제와 그 면제에 의해 주인이 갖게 되는 부와 권력의 과시가 대부분을 차지한다. (중략) 피고용인의 주된 효용은 주인의 재력을 증명하는 데 있다. (중략) 아무것도 생산하지 않는 하인을 계속 고용하는 것은 더욱 강고한 부와 지위의 증거가 된다.

과시적 여가와 함께 부를 통해 평판을 유지해주는 방법이 과시적 소비다. 더욱 훌륭한 물품을 소비하는 것은 부의 증거로서 명예로운 일이기 때문이다. 베블런이 유한신사라고도 부르는 부르주아에게는 평판이 무엇보다 중요했다. 더 훌륭한 물품을 소비하는 것은 부의 증거로서 명예로운 일로 여겨졌다. 그래서 부르주아는 과시적 소비를 가장 효과적으로 수행하기 위해 식자재, 술, 장신구, 고급의상, 건축물, 무기, 유희, 춤, 마약의 감식가가 되었고 호화로운 선물을 하거나 화려한 향연을 베풀기도 했다.

과시적 여가에서 '대행 여가'가 중시되었듯이 과시적 소비에서도 '대행 소비'가 중시되었다는 점 역시 기억해둘 만하다. 때로 가난한 부르주아는 종속과 충성을 맹세하고 부유한 부르주아 밑에 들어가 그들의 시종이나 가신이 되기도 했다고 한다. 가난한 부르주아는 비호자庇護者의 지위를 증명하는 증인이 됨과 동시에 그 부의 대행 소비자가 된 것이다. 이 경우, 대행의 결과로 높아진 평판은 주인에게 귀속될 수 있도록 하는 방법들이 동원되었는데, 제복과 제복에 착용할 배지나 장식이 그 대표적인 사례라고 한다.

과시적 여가와 과시적 소비가 처음에는 부의 소유를 과시하는 수단으로 동등하게 여겨졌지만, 경제가 발전함에 따라 과시적 여가보다는 과시적 소비가 더 유효해졌다는 것이 베블런의 설명이다. 대중은 자신들의 주시 아래 행해진 재화의 과시 말고는 그 사람의 재력을 판단할 자료를 갖기 어렵다는 것이 그 이유라고 한다.

저소득층도 과시적 소비를 모방한다는 대목은 적잖은 충격을 준다. 베블런은 계층 간 경계선이 애매하고 고정적이지 않은 현대 문명사회에서, 상부 계급이 정한 기준은 사회구조의 가장 낮은 계층에 이르기까지 무조건 강제적인 영향을 미친다고 분석한다. 그러면서 "각 계층에 속하는 사람들은 바로 위 계층에서 유행하는 생활양식을 이상으로 삼고, 그것에 가까워지고자 온갖 힘을 기울이고 있다"라고 진단한다. 그래서 아무리 빈곤해도 과시적 소비가 습관이 된다는 점, 저소득층의 경우 과시적 소비를 아내와 자녀에게 위임하는 방식으로 최소한의 평판 유지에 노력한다는 점을 지적한다. 저소득층이 보수화되고 보수 정당에 표를 던지는 이유를 짐작할 수 있는 대목이다. 프롤레타리아에게 부르주아는 타도의 대상이기 이전에 모방의 대상이었다. 그 사실을 마르크스는 몰랐으나 베블런은 정확히 알고 있었다.

토마 피케티
Thomas Piketty

봉건귀족을 계승한 부르주아, 끝나지 않은 불평등 계급사회

부르주아가 근대를 연 주역이라는 사실을 부정할 수는 없다. 다만
그 부르주아가 어떤 부류인지가 중요하다. '날라리 부르주아'와
'피도 눈물도 없는 부르주아'는 속류 마르크스주의나 극좌 이념에
따라 악마화한 부르주아로, 이미 사망선고가 내려진 개념이다. '전
교 1등 부르주아'와 '범생이 부르주아'는 자유주의 세력이 내세우
는 부르주아로, 정치적으로나 학문적으로나 현실적인 권력을 얻
고 있는 개념이다. 하지만 이들의 공통점은 선악이라는 가장 단순
한 흑백논리의 양극단에 있는 부르주아들로, 각자의 이념과 정치
적 지향에 맞게 가공된 개념이라는 점이라고 생각한다. 그래서 나

는 '허풍선이 부르주아'가 실체에 가장 근접한 부르주아상像이라는 데에 흔쾌히 한 표를 던진다.

프랑스 혁명의 주역이던 부르주아가 모든 인간의 차별 없는 자유와 평등을 추구하고 실천했다면, 왕정이나 제정이 우여곡절 끝에 폐지되고 부르주아가 고대하던 공화정이 수립된 후에는 계층 간 불평등이 사라지지는 못하더라도 대폭 줄어들어야 했다. 하지만 프랑스의 경제학자 토마 피케티는 『21세기 자본』에서, 프랑스는 혁명 전이나 후나 과도한 자본의 집중이라는 특징을 지닌 세습사회였다며 "앙시앙레짐 시대(1789년 이전)부터 제3공화정(1870~1940)까지 거대한 경제적, 정치적 변화가 일어났음에도 불구하고, 근본적으로 프랑스는 내내 기본적으로 동일한 불평등 구조를 가진 동일한 사회였다"라고 분석했다. 이는 부르주아가 봉건적 특권층을 계승해서 새로운 특권층이 되었음을 말해준다. 그런 점에서 봉건주의 시대 귀족과 자본주의 시대 부르주아를 싸잡아 유한계급이라고 보고, 그 음험한 욕망을 과시적 소비와 과시적 여가라는 이름으로 분석해낸 베블런의 혜안은 단연 돋보인다.

흥미롭게도 베블런이 규정한 유한계급의 과시적 여가와 과시적 소비는 2,000년 전 로마시대 귀족, 18~19세기 조선시대 세도가, 20세기 초 '위대한 개츠비'로 상징되는 미국의 백만장자, 그리고 21세기 대한민국 서울 강남 사모님의 행태에서도 똑같이 발견된다. 아니 베블런은 빈곤계층도 계층상승을 위해 과시적 소비를 흉내 낸다고 했으니, 인간은 재산의 많고 적음이나 과거 또는 현재를 막론하고 그저 욕망하는 존재일 뿐이 아닌가 싶다. 결국 인간이란 언제 어디서나 경쟁심으로 똘똘 뭉쳐 자신의 부를 남들에게 과시하고 싶어 하는 욕망덩어리에 지나지 않는다고 말하는 편이 옳은지도 모른다.

이제는 역사가 발전한다는 고정관념은 재고되어야 하지 않을까. 부르주아가 자본주의와 대의민주주의라는 선물을 나눠주며 자유롭고 평등한 근대라는 세상을 열었다는 신화도 무너져야 하지 않을까. 우리는 부르주아와 근대에 너무 많은 기대를 걸었지만, 알고 보니 그들은 우리의 그 순진한 기대를 배반했다. 물론 이는 부르주아의 탓이라기보다 부르주아를 잘못 해석한 나머지 사람들의 탓이겠지만.

05

소비주의의 배반

소비자,
근대적 주체로 생산되다

만들어진
소비자

"여보! 아버님 댁에 보일러 놓아드
려야겠어요"라는 카피로 유명한 K보일러 광고가 있다. 1990년대
초 방영되어 공전의 히트를 기록한 광고다. 30년이 지난 지금도
다른 광고나 예능프로그램 같은 데서 가끔 패러디될 정도로 아직
도 많은 사람의 기억 속에 강하게 남아 있다.

칼바람이 부는 한겨울, 도시에 사는 아들 부부가 연탄이라는 재
래식 난방방식으로 불편하게 사는 농촌의 노부모를 떠올리며, 최
신식 보일러를 설치해주겠다는 뜻을 전하는 내용으로 구성되어
있다. 광고 그 자체로도 성공했지만, 보일러 시장을 전국으로 확
산해서 선점하려는 마케팅 전략을 성공적으로 수행한 광고로도
평가된다.

K보일러 광고 속 소비자의 두 가지 유형

이 광고에는 서로 극단적으로 대비되는 두 가지 유형의 소비자가 등장한다. 하나는 광고 전체의 스토리를 이끌어가는 농촌의 노부모이고, 다른 하나는 며느리의 목소리로만 등장하는 도시의 아들 부부다. 첫 번째 유형의 소비자는 노부부처럼 새로운 시장이나 새로운 제품에 도무지 관심이 없으며, 오랫동안 전통적 생활방식에 만족하고 사는 사람들이다. 현재의 재력과 관계없이 근검절약하며 낭비하지 않는 삶을 추구한다. 그들도 최소한의 생필품은 사서 써야 할 테니 소비자는 소비자다. 너무나 당연한 얘기겠지만, 시장은 이런 유형의 소비자를 좋아하지 않는다.

두 번째 유형의 소비자는 아들 부부처럼 새로운 시장이나 제품에 관심이 많은 사람이다. 그들은 미디어나 입소문 등을 통해 자신의 생활방식을 다른 사람과 늘 견주어본다. 부를 과시하거나 유행에 민감하게 반응하지는 않더라도 남들보다 조금은 더 앞서가려는 욕구를 지니고 있다. 이 또한 너무나 당연한 얘기겠지만, 시장은 이런 유형의 소비자를 선호한다.

농촌의 노부부와 도시의 아들 부부는 어떤 삶을 살았기에 소비자로서 이렇게 극단적인 차이를 보일까? 이 광고가 나간 1990년대 초를 기준으로 노부부를 60대로, 아들 부부를 30대로 보면, 노부부는 1930년대생이고 아들 부부는 1960년대생이 된다. 이렇게 가정하면 각각의 프로필을 어림잡을 수 있다. 노부부는 일제 강점기에 태어나 한국전쟁을 거치며 성인이 되었고 1960년대 말 본격적인 근대화 이후에도 자본주의의 세례를 크게 받지 못하고 살아온 세대에 속한다. 그들의 정신적 뿌리는 농경사회 또는 전근대사회에 있다. 아들 부부는 본격적인 근대화 시기에 학창 시절을 보냈고 고도성장의 수혜자로 청년기를 보내며 안정된 중산층의 삶을 유지하고 있는 세대에 속한다. 그들의 정신적 뿌리는 산업사회 또는 근대사회에 있다.

두 세대를 그렇게 갈라놓은 그 30여 년간은 우리나라가 농경사회에서 산업사회로, 또는 전근대사회에서 근대사회로 급속하게 성장하던 시기였다. 서구의 약 200년 역사가 우리의 그 30여 년에 압축되어 있다. 그 기간에 노부부는 시장이 원하는 소비자가 되지 못했고, 아들 부부는 시장이 원하는 소비자가 되었다. 조금 어렵게 말하면 아들 부부는 근대적 주체로 생산되었던 반면, 노부부는 그렇지 못했다. 무엇이 그렇게 그들의 운명을 갈랐을까? 그 기간에 어떤 일이 벌어졌던 것일까?

소비주의의 형성과 광고의 역할

전근대사회(농경사회)가 근대사회(산업사회)로 옮겨가면서, 농민이었거나 수공업에 종사했던 일반 민중이 자동적으로 또는 자발적으로 근대사회에 최적화된 노동자나 소비자로 옮겨간 것은 아니다. '누군가'가 그들을 근대인으로 만들어야 했다. 그 '누군가'는 자본이나 자본가일 수도 있고 자본주의 체제나 근대 체제일 수도 있다. 사회학자 이진경은 이를 '근대적 주체의 생산'이라고 표현했다. 찰리 채플린의 무성영화 〈모던 타임스〉(1936)를 보면, 공장 노동자인 주인공이 근대가 원하는 인간이 되기 위해, 바꿔 말하면 근대적 주체가 되기 위해 분투하는 모습이 풍자적으로 그려져 있다.

근대적 주체는 두 단계를 거치며 생산되었다. 첫 번째는 노동자로, 두 번째는 소비자로. 생산이 이끌어가던 자본주의 초창기 19세기에는 앞에서 말한 것처럼 순치된 근대인은 노동자만으로도 충분했다. 하지만 20세기 들어 생산력이 높아지고 대량생산이 가능해지면서 생산된 제품을 사줄 소비자가 필요해졌다. 따라서 노동자가 생산되었듯이 소비자도 생산되어야 했다. 그런데 노동자를 만들기 위한 교육은 주로 국가가 맡았지만, 소비자를 만들기 위한 교육은 누가 맡을 것인가? 스튜어트 유엔은 광고가 바로 그 역할을 맡았다고 한다. 유엔은 『광고와 대중소비문화』를 통해 1920년대 미국에서 광고산업이 소비를 교육하는 중요한 임무를 수행했음을 밝혀준다.

'광란의 20년대roaring twenties'라고도 불리는 미국의 1920년대, 구체적으로는 1차 세계대전이 끝난 1918년부터 대공황이 일어난 1929년까지 10여 년은 유례없는 풍요의 시대였다. 타이타닉 호와 같은 호화 유람선이 대서양을 오갔고, 바에서는 흥겨운 재즈 선율이 늘 울려 퍼졌으며, 도시마다 포드사의 '모델 T'나 듀센버그사의

스튜어트 유엔
Stuart Ewen

SJ가 거리를 누볐다. 채플린의 〈모던 타임스〉에 나오듯 컨베이어 벨트를 통해 순식간에 만들어진 상품이 쏟아져 나오고, 뉴욕 중심가에는 엠파이어스테이트 빌딩 같은 마천루가 하늘을 찔렀다. 영화로도 여러 차례 만들어진 프랜시스 스콧 피츠제럴드의 소설『위대한 개츠비』에 나오듯, 세계대전의 특수로 어마어마하게 쌓인 부를 즐기려는 흥청망청한 기운이 미국 전역을 감쌌다. 이렇듯 미국의 1920년대는 '대량생산-대량소비'로 요약되는 포드주의Fordism가 뿌리를 내리기 시작한 때였다. 생산력이 높아짐에 따라 상품이 대량으로 생산되었고, 이를 선순환시키기 위해서는 생산에 부합하는 소비가 이루어져야 했던 시기였다.

그런데 사람들이 전통적 유대, 공동체 의식, 자급자족 등 전통적인 생활방식을 고집하는 한 그 목표가 이루어질 수 없었다. 이를 무너뜨리기 위해서는 기존의 가치를, 소비를 긍정하는 새로운 가치로 대체함으로써 소비 욕구를 불러일으켜야 했다. 바로 이때 소비에 가치의 중심을 두는 사고방식인 '소비주의consumerism'(소비지상주의라고도 함)가 탄생했다. 『광고와 대중소비문화』의 소개에 따르면, 1929년 발행된 『소비자의 판매』라는 소책자에는 소비주의에 대해 이렇게 설명하고 있다.

> 소비주의라는 새로운 세계관이 탄생하였다. 소비주의는 오늘날 미국이 이 세상에 선사한 가장 위대한 사상이다. 소비주의의 핵심은 노동자와 대중을 단순히 노동자 또는 생산자로만 보지 않고 소비자로 간주한다. 노동자에게 더 많은 임금을 주고 그들에게 더 많은 것을 팔고, 더욱 번영한다는 논리이다.

소비주의가 형성되는 데에는 노동시간의 단축과 임금 상승 그리고 할부판매와 신용카드 같은 새로운 제도들도 기여했지만, 가장 중요한 역할을 한 것은 역시 광고였다. 광고는 단순히 소비 욕구를 창출하는 역할을 넘어 새로운 문화 논리를 제공했다. 다시 말해 광고의 목표는 욕구를 만들고 이를 습관화하는 것이었다. 그러려면 먼저 현재의 생활방식에 불만을 느끼도록 만들어야 했다. 당시 영향력이 있었던 잡지인 『프린터스 잉크』에는 다음과 같은 글이 실렸다고 한다.

광고는 대중들로 하여금 자신들의 생활방식에 불만을 느끼게 만들고, 그들 주위의 추한 것들에 대해 만족하지 못하게 해야 한다. 불만을 느끼는 소비자보다 만족하는 소비자가 더 많은 이윤을 가져다주기 때문이다.

대중이 자신들의 생활방식에 불만을 느끼도록 만들기 위해 당시 광고가 한 일은, 대중사회에서 겪는 공포심과 좌절감을 잘 활용해 개인주의를 주입하는 일이었다. 이런 작업은 특히 약품과 화장실용 제품 광고에서 실행되었다. 이들 광고는 직업과 관련된 불만과 불안정 심리를 겨냥해 자사의 제품이 마치 직업의 안정을 보장하는 수단인 듯이 묘사할 뿐만 아니라, 이 제품을 쓰면 사업에 성공한다고 유혹하기까지 했다. 그 대표적인 광고가 바로 광고사에 고전으로 남아 있는 구강 청결제 리스테린 광고다.

"가끔 들러리는 설 수 있지만, 결코 신부는 될 수 없다Often a bridesmaid but never a bride"라는 카피가 좌절감에 빠진 한 여인의 모습과 함께 전달되는 광고다. 나중에 명명된 '공포 소구'라는 기법의 효시로 알려진 이 광고는 리스테린으로 자주 입을 헹구지 않으면 평생 결혼도 못 하고 그저 들러리나 서게 될 것이라는, 여성에게는 무시무시한 공포를 조장한 덕에 성공한 광고였다. 이렇듯 당시 광고는 단순한 두려움을 넘어 결혼이라는 삶의 중요한 제도에까지 영향을 주는 권력자였다.

스튜어트 유엔에 따르면, 1920년대 광고인들이 꿈꾼 미래는 "광고가 일상생활에 언어와 함께 녹아 들어가 지속적인 판매를 보장하며, 주어진 그대로의 일상에 대해 끊임없이 느끼는 불만을 광고에서 알려주는 것에 의해 해소하게 되는 그런 세상"이었다고 한다. 그는 당시에는 광고가 추구한 소비주의가 하나의 세계관이었고 인생철학이었음을 지적하면서, 광고는 단지 무엇을 살 것인가라는 물질적 영역을 넘어 무엇을 소망할 것인가라는 정신적 영역에서 대중을 교육시킴으로써 그 새로운 세계관이 자리 잡는 데 결정적으로 기여했음을 확인시켜준다.

『광고와 대중소비문화』의 원제는 소름 끼치게도 '의식의 지배자*Captains of Conciousness*'다. 당시 산업자본가들은 '산업의 지배자'를 넘어 전체 사회를 차지하기를 원했는데, 광고가 이런 그들의 꿈을 '의식의 지배자'가 되어 실현시키려 한 것이다. 광고의 이 같은 역할은 1920년대에 시작되어 '영광의 30년'(1945~1975)과 본격적인 소비사회를 거쳐 이른바 4차 산업혁명이 일어나고 있는 이 시점까지 형식과 미디어를 달리하며 이어지고 있다.

광고가 효심까지 조종했을까?

앞에서 소개한 보일러 광고로 다시 돌아가 보자.『광고와 대중소비문화』의 기준으로 보면, 농촌에 사는 노부부는 19세기의 전통적인 소비관념을 지닌 사람들이다. 그래서 근검절약의 전통적인 가치를 고집하며 여간해서는 새로운 상품을 사기 위해 지갑을 열지 않는 짠돌이 소비자다. 그리고 도시에 사는 아들 부부는 미국의 1920년대를 풍미한 소비주의의 세례를 듬뿍 받은 사람들이다. 그래서 새로운 방식의 보일러 소비를 통해 불효자라는 두려움을 이겨내고, 효심이 가득한 자식이라는 이상적인 자아를 실현하려는 욕구로 충만한 소비자다. 아마도 그들은 광고라는 교육제도를 통해 소비 가치에 대한 교육을 철저히 받았을 것이다.

전통적인 가치에서 벗어나지 않은 '19세기형' 소비자인 부모가 아니라 새로운 가치로 무장한 '1920년대형' 소비자인 아들 부부의 지갑을 열게 한 광고 전략은 주효했다. 아들 부부가 그것이 곧 자신들의 이상적인 자아상을 실현하는 길이라고 믿었기 때문에 가능한 일이다.

그런데 문득 이런 의문이 들었다. 그들은 자신들의 그런 의식이 암암리에 광고주한테 지배받고 있었다는 사실을 알고 있을까? 바꿔 말해 그들의 지극한 효심이 실은 광고주가 짠 프로그램에 따라 마치 로봇처럼 조종된 결과라면 그들은 과연 어떤 반응을 보일까?

'계획적 진부화'라는
음모

2001년 어느 날, 미국 캘리포니아 주 리버모어에 있는 소방서에서 어떤 주인공의 탄생 100년을 축하하는 생일파티가 열렸다. 1,000명 가까운 하객이 모여들었고 열띤 취재 경쟁도 벌어졌다. 그런데 알고 보니 주인공은 백수百壽를 누린 어느 어르신이 아니라 놀랍게도 일개 전구電球였다. 2010년 제작된 다큐멘터리 영화 〈전구 음모The Light Bulb Conspiracy〉에 나오는 얘기다. 검색 결과 그 전구는 2017년까지 생존해 있었음이 확인된다. 아직 사망했다는 기사가 뜨지 않는 걸 보니 여전히 장수를 누릴 가능성도 있다. 그렇다면 2023년 현재 122세 되시겠다. 한낱 전구 하나를 위해 그렇게 떠들썩한 생일파티가 열렸다는 사실도 놀랍지만, 전구의 수명이 100년이 넘는다는 사실이 더 놀랍다. 처음 나올 때는 반영구적이라며 호들갑을 떨던 LED전구도 2~3년

이면 교체해야 하는 실정이 아닌가.

역사는 발전하고 기술은 향상된다고 많은 사람이 믿고 있다. 그렇다면 120여 년 전의 기술이 지금의 기술보다 더 앞섰다고밖에 해석할 수 없는 앞의 전구 이야기를 어떻게 이해해야 할까? 그리고 '백수 전구'를 낳은 기술이라면 백수까지는 아니더라도 '팔순 전구', '고희(70세) 전구', '환갑 전구'가 줄줄이 나와야 할 텐데 그런 이야기는 아직 듣지 못했다. 이 현실은 또 어떻게 받아들여야 할까? 문제의 리버모어 소방서 전구가 탄생한 이후에 전구 만드는 기술이 갑자기 퇴보했던 것일까? 그렇다면 20세기 초인 그때 도대체 무슨 일이 벌어졌단 말인가? 영화 〈전구 음모〉의 핵심 내용은 바로 그 비밀을 밝혀주는 일이다.

1924년 전구 카르텔에서 시작된 '계획적 진부화'

1924년 성탄절, 스위스 제네바에서 세계 굴지의 전구업체 대표들이 한자리에 모인다. 네덜란드의 필립스Phillips와 독일의 오스람 Osram 등 지금도 세계적인 브랜드로 굳건히 자리 잡은 바로 그 이름의 주인공들이 머리를 맞댔다. 그들은 전구의 수명을 1,000시간 이내로 제한하기로 합의하고, 이를 위해 포이보스Phoibos(아폴론 신의 별칭으로 태양 또는 태양신을 뜻함)라는 이름의 전구 카르텔을 형성하기로 의견을 모았다. 그리고 '1,000시간 수명 위원회'를 두고 이를 통제하기로 했다. "범용 전구의 수명은 보장되거나 명시되어서는 안 되며, 1,000시간 이상을 초과해서는 안 된다"라는 합의문 조항에 그 카르텔의 사명이 잘 드러나 있다. 전구 카르텔 포이보스의 음모는 당시에는 비밀리에 진행되었으나, 80여 년 후 한 독일의 역사학자가 비로소 이를 밝혀냈다.

전구의 수명은 그 카르텔이 형성되던 1920년대에 이미 2,500시간에 도달해 있었다. 19세기 말 에디슨이 전구를 처음 발명했을 때도 1,500시간이었다. 그런데 그 전구 카르텔이 인위적으로 그 수명을 1,000시간으로 제한한 것이다. 하나의 상품을 계획적으로 빨리 낡게 만들어 다른 상품을 사게 만드는 음모, 전구를 시작으로 다른 상품에도 적용되어 1950년대 이후 서방 세계 번영의 토대가 된 '영광의 30년'을 가능케 한 회심의 전략, 지금은 기술의 영역에서 심리의 영역에까지 파고든 현대 마케팅의 진수, 그것을 우리는 '계획적 진부화planned obsolescence'라고 부른다. '계획된 진부화'나 '계획적 노후화'로도 번역된다.

'전구 음모 이론'과 함께 1920년대 계획적 진부화를 서방 세계에 정착시킨 전략이 바로 '디트로이트 모델'이다. 1923년 제너럴모터스사는 포드사의 검고 각진 모델 T의 아성에 도전하기 위해 세련된 디자인의 쉐보레를 출시했다. 아울러 기술력에서 포드사를 따라갈 수 없었던 단점을 극복하고자 매년 외형 디자인을 갱신해서 신모델을 출시함으로써 미국인들이 3년에 한 번씩 차를 바꾸게 만들려고 했다. 제너럴모터스사의 절묘한 마케팅 전략에 고전을 거

세르주 라투슈
Serge Latouche

듭하던 포드사도 결국 1932년 경쟁사의 전략을 채택하기에 이르렀다. 이 전략은 자동차 도시인 디트로이트의 이름을 따서 '디트로이트 모델'이라 불렸다.

"우리는 성장에 중독된 환자가 되어버렸다"

계획적 진부화 문제를 천착해온 대표적인 인물이 프랑스의 경제학자이자 철학자인 세르주 라투슈이며, 계획적 진부화에 관한 그의 우려와 경고를 전하는 책이 바로 『낭비 사회를 넘어서*Bon Pour La Casse*』다. '계획적 진부화라는 광기에 관한 보고서'라는 부제에 그 뜻이 잘 담겨 있다.

여기서 그는 소비사회가 악순환을 지속하기 위해 필수적인 요인으로 광고, 소비금융(또는 신용거래)과 함께 계획적 진부화를 꼽는다. 이 세 가지를 묶어 굳이 이름을 붙이자면 소비사회(또는 소비자본주의)를 이끄는 3두 마차라 할 수 있다. 그에 따르면 광고가 소비하고자 하는 욕망을 불러일으키고, 소비금융이 그 수단을 제공한다면 계획적 진부화는 소비자의 필요를 갱신한다.

예컨대 내가 지금 쓰고 있는 스마트폰을 당장 신형으로 바꾸려면, 첫째 광고를 통해 세련된 디자인이나 새로운 용도에 대한 욕망을 느껴야 하고, 둘째 신용카드를 통해 무이자 할부 등의 혜택을 받을 수 있어야 하며, 셋째 지금 쓰고 있는 스마트폰의 기능이 진부해져야(또는 그렇게 느껴야) 한다. 신형 스마트폰을 사려면 이 가운데 적어도 하나의 요인이 필요하다. 2차 세계대전 이후인 1950년대부터 본격화한 대량생산-대량소비의 포드주의 체제는 바로 이 3두 마차에 힘입어 추진되었다는 것이 라투슈의 판단이다. 계획적 진부화는 미국에서 발명되어 처음에는 미국식 생활방식과 함께, 나중에는 세계화를 통해 나머지 지역 전체로 확산되었다고 한다.

자본주의는 생산이 이끌어가는 경제체제다. 생산량을 늘려 자본의 이윤을 키워가지 않으면 존속할 수 없는 체제이며, 결국에는 구조적으로 경제성장을 지속해야만 안정을 유지할 수 있게 되어 있다. 그러려면 생산량에 부합하도록 소비가 지속적으로 이루어져야 한다. 만약 영구적이거나 반영구적인 상품을 생산해서 소비가 부진하다면 생산도 부진해지고, 이에 따라 자본의 이윤도 줄어들게 되어 있다. 따라서 어떻게든 생산에 맞는 소비를 촉진시킴으로써 경제를 순환시키는 일이 자본의 목표가 된다. 라투슈는 이렇게 일침을 가한다.

우리는 성장에 중독된 환자가 되어버렸다. 현대의 터보 소비자들이 과잉 소비를 통해 얻는 것은 기껏해야 상처와 역설로 가득한 행복일 뿐이다.

하지만 생산의 폭주는 멈추지 않는다. '대량생산-대량소비-이윤의 고도화'라는 순환의 과정에 차질이 생기면 자본주의 체제가 잘 작동되지 않기 때문이다. 1929년 뉴욕 증시의 폭락사태로 시작된 '경제 대공황'이 바로 자본주의 체제가 고장 난 대표적인 사례다. 잘 알려진 바와 같이 대공황은 뉴딜정책으로 대표되는 공공투자와 복지정책, 그리고 2차 세계대전을 거치며 일단 해소되었다.

그런데 경제 대공황 당시 계획적 진부화를 통해 공황을 탈출해야 한다고 목소리를 높인 인물이 있었다. 러시아에서 유대인 박해를 피해 미국으로 망명한 뒤 맨해튼에서 주식 중개로 큰돈을 번 버나드 런던Bernard London이었다. 그는 『계획적 진부화를 통한 공황 탈출』이라는 소책자를 통해 정부가 신발·주택·기계를 포함한 모든 공산품이 출시되는 순간에 유통기한을 정해서 오래 쓰지 못하도록 강제해야 하며, 이를 통해 생산과 소비를 빠르게 순환시키면

공황을 극복할 수 있다고 주장했다. 하지만 이 제안은 끝내 실현되지 못했다.

앞에서 예로 든 '전구 음모' 사례에서 전구 제조업자의 포이보스 카르텔이 시행한 계획적 진부화는 제품에 몰래 기술적 결함을 심어 넣는 방식이었다. 하지만 이런 담합은 나중에 법으로 금지되었으며, 이에 대한 해법으로 등장한 것이 바로 '상징적 진부화'다. 상징적 진부화란 광고와 마케팅을 통해 현재의 제품을 낡은 것으로 느끼도록 은밀하게 설득함으로써 신제품을 사도록 부추기는 전략을 말한다. 오늘날에는 광고·홍보·마케팅을 통해 상징적 진부화, 계획적 진부화가 거의 구분 없이 통합되어 있다는 것이 라투슈의 판단이다.

악순환의 해결책, 탈성장

라투슈는 계획적 진부화가 자연 자원 낭비와 쓰레기 범람이라는 중대한 생태적 문제를 불러온다는 점을 지적한다. 계획적 진부화로 양산된 폐가전 제품은 중국이나 아프리카로 수출되어 많은 지역주민의 반발을 사고 삶을 황폐하게 만들고 있음을 영화 〈전구 음모〉는 잘 보여준다. 라투슈는 계획적 진부화로 초래되는 악순환의 해결책은 탈성장에 있음을 강조한다. 성장이 중시되고 대량생산과 대량소비가 중단되지 않으면 이 문제는 결코 해결되지 못한다는 것이다. 앞에서 그는 계획적 진부화의 최종 단계인 상징적 진부화를 '은밀한 설득'이라고 말했지만, 실은 '은밀한 강제'거나 '은밀한 폭력'이라고 표현했어야 했다. 그는 낭비 사회를 넘어서기 위한 선결 조건을 강조하며 책을 마무리한다.

상품만이 넘쳐나는 가짜 풍요는 우리에게서 자연의 멋진 선물들에 감탄할 수 있는 능력을 앗아가 버렸다. 이 능력이야말로 인류의 계획적 진부화라는 암울한 운명을 극복하고 건강한 탈성장 사회를 건설하려는 계획이 성공하기 위해 반드시 필요한 조건이다.

무한한 성장 모델이 전제되지 않는 자본주의를 생각할 수 있을까? 이에 대한 상투적인 대답은, 생각할 수 없다는 것이다. 하지만 따지고 보면 계획적 진부화에 기반을 둔 자본주의가 우리에게 약속할 수 있는 것은 기껏해야 아무리 채우려 해도 채워지지 않는 욕망과 산더미처럼 높이 쌓인 폐기물뿐이다. 그러나 다른 세상은 가능하다. 그 세상에서는 자연의 멋진 선물에 감탄하며 진정한 풍요를 누릴 수 있을 것이다.

소비의 미끼,
사용가치

지난 2019년 8월, KBS 〈TV쇼 진품명품〉에 독립운동가 이규채(1890-1947) 선생이 일제 말기 자필로 적은 '이규채 연보'가 올라왔다. 일제 강점기 만주 지역 항일 무장투쟁의 핵심 인물로 꼽히는 이규채 선생은 대한민국 임시정부 의정원 의원과 한국독립군 참모장 등을 지낸 분이다. 그의 독립운동 여정이 기록돼 있는 연보가 일반 원고지가 아니라 한 상점의 세금 계산서에 작성되었다가 최근 발굴된 것이다.

쇼 감정단의 추정 감정가 소개가 끝나자 조명이 꺼진 가운데 김영복 서예·고서 감정위원이 추정한 감정가를 나타낼 전광판의 숫자가 숨 가쁘게 돌아갔다. 그런데 전광판은 결국 '0'이라는 숫자를 찍으며 멈추었다. 쇼 감정단과 사회자 모두 순간적으로 당황했다. 아마 시청자들도 그랬을 것이다. 잠시 후 김영복 감정위원이 이 감정가에 대해 조심스럽게 입을 뗐다. 한 사람의 개인적인 기록이지만 자신의 목숨을 바쳐 독립운동을 한 기록이라 그 행적을 돈으로 평가할 수 없다는 것이었다. 한마디로 무가지보無價之寶라는 뜻이었다.

가치의 네 가지 형태

일요일 낮 11시에 방영되는 〈TV쇼 진품명품〉은 일반인이 소장하고 있는 우리 문화재를 소개하고 전문가의 추정 감정가를 알려주는 프로그램이다. 의뢰받은 문화재가 소개되고, 주로 연예인으로 이루어진 세 명의 쇼 감정단이 감정가를 예측하고, 그것이 각 분야 감정위원이 매긴 감정가에 얼마나 근접했는지를 확인하는 내용으로 진행된다(예전에는 의뢰인이 항상 소개되었으나 지금은 가끔 소개된다). 시청자들은 그 과정을 지켜보며 우리 문화재에 대한 지식과 견문을 넓히게 된다.

이 프로그램의 핵심은 전문 감정위원, 쇼 감정단, 의뢰인이 각각 얼마의 감정가를 매겼고 그 이유는 무엇인가다. 앞에서 소개한 장면은 이와 관련해서 내 기억 속에 가장 인상적으로 남아 있다. 이와 비슷한 사례는 더 있다. 몇몇 의뢰인은 조상 대대로 전해오는 유품에 값을 매길 수 없다는 이유로 감정가를 쓰지 않거나 '0' 또는 '?'라고 쓰기도 했다. 임시정부 수립 100주년과 8·15해방을 상징하는 의미라며 추정 감정가를 엉뚱하게 '100.815'라고 적은 의뢰인도 있었다. 쇼 감정단이 보기에는 상당한 가치가 예상되는 문화재인데 감정위원이 추정한 감정가가 의외로 낮아서 다들 어리둥절했던 경우도 있었다. 이에 대해 해당 감정위원은 의미로만 따지면 감정가를 응당 높게 매겨야 하겠으나 현재 시장의 가치가 그것밖에 안 된다며 안타까워했다.

이런 사례 모두 특정한 개인(의뢰인, 전문 감정위원, 쇼 감정단)이 주관적으로 또는 사회적·문화적 맥락을 고려해서 판단하는 가치와 시장에서 거래되는 실제 가치(가격)가 어긋나는 경우를 보여준다. 여기서 특정한 개인이 판단하는 가치, 다른 말로 사물의 개인적·역사적·문화적 의미가 담긴 가치를 '상징가치'라고 한다. 그리고 수치로 표현되는 사물의 가격, 달리 표현하면 경제적인 논리가 적용되는 상품의 교환비율을 '교환가치'라고 한다. 결국 앞의 사례들은 상징가치와 교환가치의 어긋남을 보여준 것이다.

프랑스의 사회학자 장 보드리야르의 『기호의 정치경제학 비판』에 따르면, 사물의 가치에는 이 두 가지 말고도 '사용가치'와 '기호가치'가 더 있다. 사용가치는 사물의 유용성 또는 쓸모를 나타내는 가치이고, 기호가치는 사물을 소유한 사람의 신분이나 위세를 나타내는 가치를 말한다. 1972년 프랑스에서 처음 발간된 『기호의 정치경제학 비판』은 기호학을 가치론과 결합해서 소비사회를 분석한 보드리야르의 대표작 중 하나다.

이제 다이아몬드를 사례로 들어 그가 말한 네 가지 가치 개념을

좀 더 구체적으로 살펴보기로 하자. 다이아몬드는 가장 비싼 귀금속으로, 무엇보다 먼저 화려한 결혼예물이나 특별한 의미를 담은 선물을 연상시킨다. 고귀한 존재로 숭앙하거나 영원한 사랑을 약속하는 등 상징적인 의미를 전할 때 동원되는 물건이 바로 다이아몬드다. 이렇게 특별한 의미를 상징함으로써 생겨나는 가치를 '상징가치'라고 한다. 한편 다이아몬드는 강도가 매우 높은 금속이므로 다른 금속을 자르거나 부술 때, 즉 금속을 가공하는 도구로 쓰이기도 한다. 이렇게 사용상의 기능이나 유용성이 부여하는 가치를 '사용가치'라고 한다.

다이아몬드는 또한 시장에서 고가의 상품으로 교환되기도(구매되거나 판매되기도) 한다. 등급에 따라 어마어마한 가격으로 거래되기도 하는데, 가령 블루문이라는 이름의 다이아몬드 12캐럿(2.4그램)의 가격이 약 560억 원이었다고 한다. 이처럼 다른 물건과 교환할 때 필요한 가치를 '교환가치'라고 한다. 마지막으로 다이아몬드는 재력이나 신분 또는 위세를 과시하는 기능을 한다. 이때 다이아몬드는 금·은·동·옥 따위가 아니기 때문에 의미를 갖게 된다. 이렇듯 차이에서 비롯되는 가치를 '기호가치'라고 한다. 보드리야르에 따르면, 각각의 가치에는 서로 다른 논리가 작동된다. 다시 말해 사용가치에는 유용성의 논리가, 교환가치에는 거래의 논리가, 상징가치에는 증여의 논리가, 기호가치에는 신분의 논리가 작동된다는 것이다.

사용가치와 교환가치의 관계

카를 마르크스가 『자본론』을 쓴 이래로 많은 좌파 성향의 지식인들은 자본주의의 작동방식을 분석하는 중요한 도구 중 하나로 가치 개념을 활용했다. 대다수는 생산과 노동의 측면에서 가치론에 접근했지만, 앞에서 소개한 『기호의 정치경제학 비판』과 함께 소비의 측면에서 가치론에 접근한 대표적인 저서가 바로 볼프강 하우크의 『상품미학비판』이다.

이 책에서 하우크는 먼저 "상품은 스스로를 (교환)가치로 실현시키기 이전에 자신의 사용가치를 입증해야 한다"라는 『자본론』

볼프강 하우크
Wolfgang Haug

을 인용하며 사용가치와 교환가치의 관계를 해명한다. 사용가치는 상품의 유용성으로서 상품의 질적이고 주관적인 측면을 나타내고, 교환가치는 상품의 교환 비율 혹은 교환 가능성으로서 추상화된 성격을 띤다는 점, 그리고 서로 다른 사용가치를 갖는 두 상품이 등가로 교환될 수 있는 이유는 바로 상품에 내재된 교환가치의 추상적 동질성에 기인한다는 점을 확인한다. 여기서 추상적 동질성이란 노동시간을 뜻한다.

하우크는 이런 전제 아래 두 개의 상품이 서로 교환되려면 다음 두 가지 조건이 필요하다고 밝힌다. 첫 번째 조건은 상품교환에 참여하는 각 상품소유자가 자신에게는 필요치 않은, 질적으로 서로 다른 상품을 소유해야 하며, 이들 각각이 상대방의 상품을 필요로 해야 한다는 것. 다시 말해 '상품을 소유하지 못해 필요를 느끼는 사람'과 '필요하지 않은 상품을 소유한(생산한) 사람'이 존재해야 한다는 것이다. 두 번째 조건은 교환되는 두 상품이 서로 동일한 가치를 지녔다고 말할 수 있어야 한다는 것. 그의 표현에 따르면 "이때 각 상품의 사용가치적 관점은 다른 상품의 교환가치적 관점과 대면하며, 한 측면에서의 목적이 다른 측면에서의 수단이 된다."

예를 들어보자. 우산을 가진 사람 A와 장화를 가진 사람 B가 각각의 상품을 교환하려면 다음 두 가지 조건이 필요하다. 첫째, 우산을 가진 A는 장화가 필요해야 하고, 장화를 가진 B는 우산이 필요해야 한다. 그래야 교환할 이유가 생긴다. 둘째, 우산과 장화가 서로 동일한 가치를 지녔으며, 그래서 교환 가능하다고 말할 수 있어야 한다. 이 경우에는 반드시 1:1이어야 한다는 뜻이 아니라 2:1이나 3:1 등도 괜찮다. 쉽게 말해 우산 한 자루와 장화 한 켤레가 교환될 수도 있지만, 품질에 따라 우산 두 자루와 장화 한 켤레, 아니면 우산 세 자루와 장화 한 켤레가 교환될 수도 있다. 이 말은 곧, A는 자신이 가진 우산의 교환가치를 이용해서 장화의 사용가치를 얻을 수 있으며, 반대로 B는 자신이 가진 장화의 교환가치를 이용해서 우산의 사용가치를 얻을 수 있다는 뜻이다. 이런 상황을 하우크의 방식으로 말하자면, 우산의 사용가치가 장화의 교환가치와 대면하고 우산의 교환가치가 장화의 사용가치와 대면한다고 말할 수 있다.

하우크는 이와 같은 상황을 '판매자와 구매자의 모순', 또는 '사용가치와 교환가치의 모순'이라고 규정한다. 판매자와 구매자는 각각 교환가치와 사용가치라는 서로 다른 관점에 서 있기 때문에 모순이라는 뜻이다. 이는 곧 판매자의 경우 자기 상품의 사용가치는 자기 상품의 교환가치를 화폐로 전환하기 위한 단순한 수단에 불과하며, 구매자의 구매 목적은 오로지 상품이 지닌 사용가치라는 뜻이기도 하다.

상품미학과 소비사회

이 과정에서 '사용가치의 약속'과 '상품미학'이라는 개념이 나온다. 이를 자세히 살펴보자. 교환행위는 판매자에게는 교환목적(교환가치의 획득)의 종료지만, 구매자에게는 교환목적(사용가치의 획득)의 시작이다. 이를 두고 하우크는 "판매자에게 사용가치는 구매자에게 사용가치가 기대되는 한도 내에서만 의미를 지닌다"라고 말한다. 따라서 교환가치의 관점에서는 판매가 성립되기 전까지만 사용가치를 약속하는 것이 중요하다. 결국 구매자는 사용가치가 아니라 '사용가치의 약속'에 의존할 수밖에 없기 때문이다. 따라서 어떤 상품이든 교환되기 위해서는 사용가치뿐만 아니라 '사용가치의 약속'이 추가로 생산되어야 한다. 바로 이 '사용가치의 약속'을 하우크는 '미학적 사용가치' 또는 '상품미학'이라고 불렀다. 하우크는 "상품미학은 '미학적 추상화' 과정을 통해 상품과 분리된 감각적 현상으로 나타나게 된다"라고 말했는데, 이 말은 곧 상품미학은 상품이 원래 지닌 고유의 특성과는 관계없는 감각적인 현상일 뿐이라는 뜻이다. 결국 상품에는 고유의 물질적 특성이 있다는 전통적 마르크스주의 유물론에 입각해서 감각적 현상일 뿐인 상품미학을 비판하는 책이 바로 『상품미학비판』이다.

A가 자신이 소유한 우산을 B에게 상품으로 판매(상품과 화폐를 교환)하는 상황을 예로 들어 설명해보자. A가 자신이 소유한 우산을 B에게 판매(화폐와 교환)하는 행위는 A에게는 교환목적(화폐의 획득)의 종료지만, B에게는 교환목적(우산의 사용가치 획득)의 시작이다. 다시 말해 A에게는 우산의 실제 사용가치와 관계없이 B가 기대하는 우산의 사용가치를 충족시키는 일이 중요해진다. A에게는 판매가 성립되기 전에 사용가치를 약속하는 것이 중요해진다는 말이다. 우산을 아직 사용하지 않은 B로서는 사용가치가 아니라 '사용가치의 약속'에 의존할 수밖에 없기 때문이다. 바꿔 말하면 B는 A에게 우산을 살 때, 가령 색상이 고급스러워서 세련된 신사나 귀부인 같은 인상을 준다는 식의 약속에 의존할 수밖에 없다는 것이다. 이처럼 추가로 제시된 사용가치의 약속을 바로 '상품미학'이라 부른다.

하우크는 상품미학을 만들어내는 수단으로 제품디자인, 포장디자인, 광고디자인을 제시했다. 이 책이 나온 1970년대에는 그 정도였겠지만, 그 이후 이미지 시대와 디지털 미디어 혁명을 거치며

컴퓨터그래픽 등 각종 디자인 기술과 정교한 브랜딩 기법이 개발된 점을 고려하면 상품미학의 외연은 그때보다 훨씬 더 넓어졌다고 봐야 한다.

하우크는 사회적 구매력의 한계에 직면하면서 만들어진 상품미학이 미적이고 감각적인 현상마저도 교환가치의 수단으로 전락시키고 시장에서의 독과점을 가속화한다고 지적한다. 그리고 이런 독과점 상황은 사용가치의 양적 축소와 질적 악화를 초래한다는 점을 들어 상품미학에 현혹된 자본주의를 비판한다. 또한 주기적인 미학적 혁신을 통한 사용가치의 저하를 인식하지 못하게 한다는 점, '사용가치의 상징적 소진'을 통해 아직도 제 기능을 수행하고 있는 동종 상품의 사용 연한을 단축한다는 점도 상품미학의 폐해로 지적한다.

『상품미학비판』은 1990년대 우리나라 문화연구 분야에 큰 영향을 미쳤으며, 이는 하우크에 대한 다양한 연구 성과로도 이어졌다. 하우크의 상품미학 이론을 주로 소개하는 논문들을 모은 책 『상품미학과 문화이론』도 그중 하나다. 이 책의 권두 논문에서 백한울은 "상품미학 속에서는 인간의 자발적인 욕구와 능력이 진정하게 충족·발전되는 것이 아니라 오로지 가상적으로 만족된다. (중략) 거기에 인간의 진정한 삶의 충족이 있을 리 만무하다"라고 우려하면서 "노동자들은 상품의 화려한 미적 가상에 현혹되어, 진정한 공동체나 현실의 모순을 망각하고, 상품 갈망에 빠져들게 된다"라며 상품미학에 빠져든 당시 한국 사회를 비판한 바 있다.

사회적·문화적으로 결정되는 사용가치

볼프강 하우크를 포함한 많은 마르크스주의 이론가들은 가치론에 입각해서 자본주의를 분석해왔다. 나는 이러한 논의 속에서 두가지 문제를 발견할 수 있었다. 하나는 가치를 사용가치와 교환가치의 양자 구도로 설정한 다음 사용가치를 중시하고 교환가치를 비판하는 태도이고, 다른 하나는 상품은 그 물성적 특징에서 유래하는 하나의 사용가치만을 가진다는 입장이다. 마르크스주의 문화이론가 레이먼드 윌리엄스가 대표적이다. 그는 이렇게 말했다. "맥주는 그저 맥주로 충분한 것이지, 굳이 그 맥주를 마심으로써 우리가 남자답고 마음이 젊으며 다정해 보이게 된다는 점을 추가로 약속해줄 필요는 없다. 세탁기는 빨래나 하기 편리한 기계일 뿐이지 굳이 그것이 우리가 남들보다 앞서가는 사람이며 이웃의 선망의 대상이라는 것을 나타내는 지표일 필요는 없는 것이다."

커뮤니케이션학자 김주환 교수는 『디지털 미디어의 이해』에서 이러한 견해를 정면으로 반박한다. 그는 "배고픈 것은 배고픈 것이다. 그러나 잘 익은 고기를 나이프와 포크로 썰어 먹어야 만족되는 배고픔과 손과 손톱, 이빨로 날고기를 우적우적 먹어야 채워지는 배고픔은 서로 다른 종류이다"라는 카를 마르크스의 말을 인용하면서, 사용가치는 문화적 맥락에서 결정된다고 단언한다. 개의 유용성은 반려동물, 경찰견, 맹인 길잡이, 집 지키기, 양치기, 식품 원료 등 매우 다양하다는 점을 사례로 들면서 하나의 사물에서 다양한 유용성, 다시 말해 사용가치를 발견할 수 있음을 설득시킨다. 그러므로 사용가치가 상품의 물질적 속성에 따라서만 결정된다거나 하나의 상품에 하나의 진정한 사용가치만 존재한다는 것은 객관주의자의 관념이라고 비판한다.

그런데 이보다 훨씬 오래전에 이미 사용가치가 사회적으로 결정됨을 강조한 사람이 있었으니 그가 바로 장 보드리야르다. 앞에서 기호의 네 가지 형태를 소개할 때 등장한『기호의 정치경제학 비판』에서 그는 먹기, 마시기, 잠자기, 섹스, 주거 따위가 일차적 욕구이고 사회문화적 욕구가 이차적 욕구라고 전제한 다음, 일차적 욕구에서 이차적 욕구로 이행했음에도 어떤 것도 달라지지 않았다고 분석하면서 다음과 같이 강조한다. "교환가치가 생산물에 대해 실질적인 것이 아니라 사회관계를 표현하는 형식인 것과 마찬가지로, 사용가치는 더 이상 물건들의 선천적인 기능이 아니라 사회적 결정이다." 또한 "사용가치는 요컨대 교환가치에 대한 알리바이(alibi, 구실 혹은 핑계)다"라고 하면서 사용가치는 교환가치와 동일한 속성의 가치임을 지적한 바 있다.

사용가치는 무조건 좋은 가치가 아니다

김주환 교수는 사용가치가 '문화적으로' 결정된다고 했고, 장 보드리야르는 사용가치가 '사회적으로' 결정된다고 했지만, 사회적 결정이든 문화적 결정이든 자체의 속성이 아니라 외부의 맥락에서 결정된다는 점에서는 같다. 다만 김 교수가 소비사회를 중립적 또는 긍정적으로 보았다면, 보드리야르는 소비사회를 부정적으로 보았다는 차이를 기억할 필요가 있다. 사용가치가 문화적으로 결정된다는 김 교수의 입장은, 상품이 곧 기호라는 전제에서 디지털 혁명이 커뮤니케이션 노동에 따른 필연적인 결과임을 논증하는 과정에서 나온 견해였다. 김 교수는 문화적으로 다양하게 결정될 수 있는 사용가치를 위해 광고·마케팅 활동이 활성화되는 소비사회는 디지털 혁명의 필연적인 결과로 이해했다. 반면 보드리야르는 교환가치가 사용가치까지 거느리며 모든 사물을 상품화하는 소비사회를 비판했다. 그리고 진짜보다 더 진짜 같은 가짜들이 판치는 현상을 '시뮬라시옹'이라 명명하고 이를 포스트모던 사회의 특징이라 규정하면서 자본주의의 미래를 암울하게 전망했다.

자동차 액세서리의 경우를 살펴보자. 블랙박스, 선팅, 내비게이션은 이제 액세서리라고 할 수 없을 정도로 자동차의 필수 장착품으로 자리 잡은 지 오래다. '자동차 액세서리'를 검색해보면 이 밖에도 컵홀더, 선커버, 사이드홀더, 뷰와이드미러, 태블릿 거치대, 차량용 방향제, 주차번호판, 컵홀더, 벨트조절커버 등 다양한 상품이 숨 가쁘게 나열되어 있다. 이들은 모두 저마다의 사용가치를 지닌 상품들이다. 스마트폰의 경우도 마찬가지다. 거의 해마다 새로운 버전으로 크고 작은 기능이 향상된, 다시 말해 새로운 사용가치가 추가된 신제품이 출시된다.

사용가치는 상품 고유의 속성이 아니라 사회적·문화적으로 결정되며, 교환가치를 위한 알리바이라고 생각한다면 응당 다음과 같은 의문을 던져야 한다. 각종 자동차 액세서리든 스마트폰 신제품이든 과연 이들에 특별한 유용성, 즉 사용가치가 있다고 해서 그 상품을 소비하는 일이 무조건 정당화될 수 있을까? 각각의 유용성(=사용가치)은 자본이 이윤을 극대화하기 위해 광고와 마케팅을 통해 부여한 핑곗거리, 심한 말로 미끼가 아닐까?

유발 하라리는 『사피엔스』에서 "역사의 몇 안 되는 철칙 가운데 하나는 사치품은 필수품이 되고 새로운 의무를 낳는 경향이 있다는 것이다. 일단 사치에 길든 사람들은 이를 당연한 것으로 받아들인다. 그다음에는 그것 없이는 살 수 없는 지경이 된다"라고 말했다. 새로운 유용성이라는 구실이 붙은 사용가치는 당연한 욕구가 되고, 그 욕구는 점점 더 증폭되어 다시 새로운 상품으로 우리 앞에 나타나며, 이 과정은 끊임없이 되풀이될 것이다.

06

민주주의의 배반

대의민주주의는 민주주의가 아니다

국민이 주인이라는
착각

2012년 4월 26일, '월가 점거운동 Occupy Wall Street'에 참여한 30여 명의 활동가가 뉴욕 연방홀 앞에 모였다. 연방홀은 1789년 초대 대통령 조지 워싱턴의 취임식이 있었던 역사적인 장소다. 미국 금융자본의 부패와 탐욕에 대한 항의 시위인 월가 점거운동은 2011년 11월에 표면상 끝났지만, 그들은 운동의 새로운 방향을 모색하기 위해 다시 모인 것이다. 거기서 이 운동의 지도자 데이비드 그레이버는 즉석에서 연설했다. 그가 쓴 『우리만 모르는 민주주의』에 그 연설 내용이 나와 있다. 그 가운데 다음 두 대목이 내 눈길을 확 잡아당겼다.

독립선언이나 헌법 어디에도 미국이 민주주의 국가라고 말하는 곳은 없습니다. (중략) 조지 워싱턴 같은 사람은 공개적으로 민주주의에 반대했습니다. (중략) 매디스, 해밀턴, 애덤스 등 다른 많은 이들도 마찬가지였습니다. 그들은 노골적으로 '민주주의의 위험'을 제거하고 통제할 수 있는 체제를 만들려고 노력했습니다. 비록 혁명을 이루고 그들에게 권력을 쥐어준 민중이 원하는데도 말입니다.

우리가 여기에 모인 이유는 여전히 어떤 부분에서 우리가 의미 있는 민주적 체제하에서 살고 있다고 생각하지 않기 때문입니다. (중략) 미국의 지배자들이 가장 두려워하는 것은 진정한 민주주의에 대한 전망이 폭발해 나오는 것입니다.

첫 번째 대목은 미국이 건국 초기부터 민주주의를 외면한 국가라는 말이고, 두 번째 대목은 현재도 미국은 진정한 민주주의 국가가 아니라는 얘기다. 아니, 이게 도대체 무슨 뜻이지? 미국은 만인의 자유와 평등을 실현한 세계 최초의 민주주의 국가가 아니었던가? 프랑스의 정치가이자 정치학자인 알렉시스 드 토크빌이 『미국의 민주주의』에서 "가장 평범한 사람이 길에서 가장 영향력 있는 사람을 만나면 악수를 청할 수 있는 나라", "오늘 가난한 사람도 내일은 부자가 될 수 있고 가난한 사람들도 당당하게 투표할 수 있는 나라"라며 극찬할 만큼 민주주의의 모범국가가 아니었나? 그리고 민주주의의 수호자라는 지위가 잠시 흔들린 적도 있고 퇴색한 측면도 있지만, 그래도 여전히 앞서가는 민주주의 국가인 것은 사실 아닌가?

데이비드 그레이버
David Graeber

2,000년 동안 나쁜 제도였던 민주주의

나는 중국계 정치학자 왕사오광의 『민주사강民主四講』을 읽고 나서 의문의 상당 부분을 풀 수 있었다. '민주사강'이란 민주주의에 관한 네 번의 강의라는 뜻으로, 왕 교수가 중국 청화대학에서 행한 강의 내용을 담은 책이다. 왕사오광은 예일대학 정치학과 교수를 거쳐 현재 홍콩 중문대학 정치와 공공행정학과 명예교수이며 중국의 신좌파를 대표하는 이론가다.

왕 교수는 민주주의가 과거 2,000년 동안 '나쁜 것'으로 생각되다가 최근 한 세기 전에야 비로소 '좋은 것'으로 생각되기 시작했으며, 대의민주주의로 표현되는 오늘날의 민주주의는 민주의 원래 의미에 위배된다는 도발적인 전제에서 논의를 시작한다. 그에 따르면 엘리트와 유산자들은, 다수의 가난한 사람들이 소수의 부자를 제멋대로 다루는 독재적인 제도라는 이유로 민주주의를 싫어했다고 한다. 그 전통은 고대 그리스 시대 이후 약 2,000년 동안 이어져오다가 20세기 초에 비로소 대의민주주의와 보통선거라는 형태로 자리 잡았다고 한다.

그리스 시대만 해도 웬만큼 이름난 사상가는 죄다 민주주의를 싫어했다. 소크라테스는 민중이 무지해서 의견을 받아들일 가치가 없다고 했고, 플라톤은 사회에는 반드시 존비의 서열이 있어야 한다면서 철인정치를 주장했으며, 아리스토텔레스는 사람은 지력과 도덕 면에서 불평등하게 태어나므로 정치제도를 설계할 때는 반드시 이러한 불평등을 반영해야 한다고 했다. 로마의 정치인 키케로는 평등이란 실제로는 가장 불평등하다고 했다. 중세에는 민주정치란 폭도들의 정치에 대한 별칭이라고 강변한 토마스 아퀴나스가 대표적이다.

근대에 들어와서는, 인류의 미래는 오직 개명한 자만이 장악할 수 있다는 존 로크, 민주정체 아래에서 평등 정신은 극단으로 내달릴 것이라는 몽테스키외, 입헌군주제를 지지한 볼테르, 민중은 무지몽매하고 무딘 존재라는 디드로, 민주주의는 불합리한 정치제도의 하나라는 이마누엘 칸트, 순수한 민주제는 세계에서 가장 뻔뻔한 것이라는 에드먼드 버크, 민주주의는 다수의 하층민이 소수의 상층부 사람을 반대하는 깃발이라는 프랑수아 기조가 있다. 근

왕사오광
王曉光

대를 열었다고 평가받는 계몽주의자와 자유주의자들이 이처럼 민주주의에 비판적이라는 사실이 놀라울 따름이다.

18세기에 와서야 민주주의를 옹호한 사상가가 더러 눈에 띄는데 루소가 대표적이다. 루소는 인민주권의 확립을 주장하며 직접민주제를 옹호했다. 다만 민주주의는 아주 작은 국가에서, 민풍이 순박하고 도덕이 고상한 사람들에게만 적합하다는 전제를 달았다. 하지만 19세기에는 민주주의를 옹호한 사상가는 찾아보기 어렵다고 왕 교수는 말한다.

1776년 영국의 지배에서 벗어나 독립을 선언한 미국의 경우 역시 뜻밖이다. 1787년 헌법을 제정하기 위해 열린 제헌회의는 민주주의에 대한 미국 '건국의 아버지들Founding Fathers'의 성토대회 같았다고 한다. 그들은 민주주의에 대해 '혼란스럽다', '우둔하다', '분수를 넘는다', '죄악', '폭정' 같은 온갖 부정적인 표현을 들먹이며 비판했다. 이 회의를 결성하고 이끌어갔으며 훗날 미국의 4대 대통령이 된 제임스 매디슨은, 민주주의는 필요 없고 입헌공화제를 건설해야 한다고 주장했다. 초대 대통령 조지 워싱턴과 2대 대통령 존 애덤스는 취임 연설에서 '자유정부', '공화정부'는 언급했지만 '민주정부'는 전혀 언급하지 않았고, 3대 대통령 토머스 제퍼슨은 단 한 번도 공개적으로 민주주의라는 말을 입에 올리지 않았다고 한다. 1789년 프랑스 혁명의 슬로건도 자유, 평등, 형제애(우애)였을 뿐 민주는 빠져 있었다.

대의민주주의는 재산권을 지키기 위한 타협책

유산자들과 그들을 대변하는 사상가들은 민주주의를 두려워했다. 그 이유는 '다수의 폭정' 때문이었다고 한다. 무산자 혹은 인민들이 나라의 주인이 되면 자신들의 재산권을 부정할 수 있다는 공포가 그들을 민주주의에 대한 거부로 내몰았다는 것이다. 하지만 19세기 들어 자본주의가 발전하면서 사정은 달라지기 시작했다. 왕 교수에 따르면, 19세기에 주류사상가였던 사람들은 여전히 민주주의를 나쁜 것으로 간주했으나 민주주의에 대한 인민 대중의 요구는 날로 높아져만 갔다. 예컨대 1830~1840년대 영국에서는 남성의 보통선거권 쟁취를 요구조건으로 내건 인민운동 헌장(차티스트운동)이 출현했다. 이들 운동은 비록 실패로 끝나기는 했지만, 그것은 서구 부르주아들에게 어마어마한 충격을 안겨주었다.

일부 사상가는 민주주의의 조류를 막기 어렵다는 것을 의식하기 시작했다. 결국 민주주의의 조류에 한편으로는 저항하면서 한편으로는 이를 수용할 수밖에 없었다. 그래서 그들은 사유재산권의 유지라는 최후의 보루를 지켜내는 선에서 타협을 시도했다. 민주라는 말 앞에 그럴듯한 수식어를 붙여 민주주의를 거세하고 길들이기로 했다. '자유민주', '헌정민주', '대의민주', '절차적 민주' 등이 바로 그 타협의 산물이다. 왕 교수는 그 모든 수식어가 실은 민주주의를 제한하는 것이라고 단언하면서 "유산자와 그들의 대변자가 민주주의를 끌어안기 시작할 때 민주주의의 본질에 대해 아무도 이야기하지 않았으며, 그들이 한 모든 이야기는 수식어가 딸린 민주주의였고, 수식어가 민주주의라는 말보다 더 중요했다"라고 설명한다. 예컨대 '자유민주'는 '자유'를 '민주' 위에 올려놓고 민주를 새장 속에 가둔 꼴이라며 '자유민주'를 '새장민주주의'라고 깎아내린다.

몇몇 사상가가 나서서 '다수의 폭정'인 민주적인 권력에 제약을 가함으로써 무한한 민주주의를 유한한 민주주의로 바꾸려고 했다. 그들의 주장을 왕 교수는 이렇게 요약한다.

민주주의 최대의 위험이 공공 권력의 무한성에서 기인한다면 이러한 무한 권위를 약화시키기 위해서는 반드시 공공 권력에 명확하고 일정한 한계를 그어두어야 한다. 또한 그것을 '공공의 영역' 안으로 한정해놓고 그곳으로부터 한 발짝도 넘어서지 못하도록 해야 한다. 이에 발맞추어 정치적 권위와 사회적 간섭을 받지 않는 사적인 생활영역을 구분하고, 개인의 독립성을 강조하고, 개인적 권리의 불가침성을 강조하고, 자유를 민주주의의 모범으로 삼고, 민주주의의 무한 권위를 제한해야 한다.

토머스 페인, 제러미 벤담, 존 스튜어트 밀 등이 제시한 타협책은 '대의'민주제였다. 왕 교수는 특히 대의민주제의 정당성을 이론적으로 완성한 인물로 조지프 슘페터(1883-1950)를 지목한다. 슘페터는 『자본주의, 사회주의, 민주주의』에서 민주주의는 몇몇 개인이 인민의 표를 얻기 위한 경쟁을 통해 공공의 의사 결정권을 획득하는 제도적 장치라고 정의한다. 그리고 민주주의를 '인민의 지배'에서 '인민이 지배자를 선택하는' 것으로 완전히 변화시켰다고 덧붙인다. 이로써 인민은 유권자로 바뀌었고, '민주'(인민이 주인이다)는 '선주選主'(주인을 뽑는다)로 변질되었다고 강조한다.

그렇다면 대의제 민주주의는 민주주의의 실질을 얼마나 바꾸어놓았을까? 왕 교수에 따르면, 오늘날의 대의제 민주주의는 참여하는 방식의 민주주의가 아니라고 한다. 인민이 직접적이고 광범위하게 국가의 관리에 참여한다는 이념은 희미하게 잊히고, 참여는 일종의 간헐적인 행위, 다시 말해 4년 혹은 5년마다 한 번씩 투표

조지프 슘페터
Joseph Schumpeter

하는 행위로 바뀌었으며, 그 이외의 시간에는 묵묵히 순종하는 사람으로 지낸다는 이유에서다.

왕 교수는 적지 않은 사람들이 대의민주주의를 간접민주주의라고 부르면서 직접민주주의와 그저 유형이 다를 뿐이라고 생각하지만 실제로는 전혀 그렇지 않다고 지적한다. 민주주의가 일단 '간접'적이 되고 인민 대중의 참여를 배척하는 순간, 민주정체의 실질을 잃어버리고 다른 하나의 정치체제로 바뀌어 비민주적일 뿐 아니라 반민주적인 것으로 전락하게 된다고 단언한다.

왕 교수가 대의제 민주주의의 대안으로 제시하는 제도는 추첨제다. 여기서 추첨제의 특징과 장점을 자세히 설명하기는 어렵지만 "추첨은 민주주의의 상징이고, 선거는 귀족제와 과두제의 표지"라는 루소의 말을 기억해두면 좋겠다.

대의민주제에 '참여'의 자리가 있을까?

얼마 전 한 유명 작가는 민주주의가 '높은 수준의 문화적 발명품'
이라고 말했다. 그가 말한 민주주의는 필시 대의민주제를 지칭할
텐데, 지금까지 살펴본 바에 따르면 그의 말은 틀렸다. 왕사오광
교수가 말했듯이, 현재의 대의민주제는 소수의 기득권자를 위한
제도이며 대중의 참여를 배척함으로써 민주정체의 실질을 포기한
제도로, 결국 비민주적일 뿐 아니라 반민주적인 제도에 불과하기
때문이다.

　그는 정치인이던 시절 국민'참여'당을 창당해 대표를 지냈고 '참
여'정부의 장관도 지냈다. 그러나 그의 정치 프로그램은 실패했고
그는 결국 정계를 떠났다. 나는 그처럼 '참여'에 신념을 건 그의 노
력이 결국 실패할 수밖에 없는 이유가 있었다고 생각한다. 그것은
대의민주제는 특성상 참여가 들어설 자리를 좀처럼 내어주지 않는
폐쇄적인 제도라는 점이다.

선거 없는 민주주의가
가능하다고?

선거철이 될 때마다 내가 즐겨 하
는 엉뚱한 상상이 있다. 가령 A 후보와 B 후보에 대한 선호가 반반
일 때 나의 한 표를 0.5씩 배분해서 투표할 수는 없을까? 아니 딱
절반이 아니라 7대 3이라면 0.7과 0.3으로 배분할 수는 또 없을까?
정치에 무지한 사람과 냉철한 판단력을 갖춘 사람이 똑같이 한 표
를 갖는 것은 부당하니 그 정도에 따라 가중치를 부여하면 안 될
까? 이런 상상은 비단 선거뿐만 아니라 각종 정책 결정 과정에도
확장되었다. 공론장에서 토론과 숙의를 거친 내용들을 단순한 찬
반을 넘어 손실 없이 반영하는 방법은 없을까? 가령 법인세 인하
같은 주요 국정 사안을 국회의원들에게 맡기지 말고 국민의 의견
을 물어 결정하되 개개인의 선호도, 전문성, 관련성 등을 섬세하고
풍부하게 살려 정책으로 구현할 수는 없을까?

물론 이 엉뚱한 상상이 실현되기는 어렵다. 그 이유는 그런 내밀한 인간의 마음 상태를 알아내는 공정한 장치가 없다는 점 때문일 것이다. 그런데 이 난제를 해결할 수 있다는 주장을 펼친 인물이 있다. 일본의 저명한 문예비평가로 『일반의지 2.0』라는 도발적인 책의 저자인 아즈마 히로키다.

루소의 '일반의지'를 정보기술과 접목한 『일반의지 2.0』

아즈마 히로키의 『일반의지 2.0』을 읽고 나는 세 번 놀랐다. 우선 그의 창의적인 상상력에 놀랐고, 다음으로 그가 갈수록 정치적인 후진성을 드러내고 있는 일본의 학자라는 사실에 놀랐으며, 끝으로 그가 해석하고 제안하는 내용이 현재의 정보기술 환경에서 현실적인 설득력을 지닌다는 사실에 놀랐다.

그는 장 자크 루소의 유명한 개념인 '일반의지general will'를 탁월하게 재해석한다. 내 경우 일반의지와 전체의지는 늘 헷갈렸고 이를 명확하게 구분한 해설서를 찾기도 어려워서, 일반의지를 공동선common good 정도로 이해하고 말았다. 하지만 그 일반의지가 어떻게, 누구에 의해 결정될까 하는 의문을 늘 품고 있었다. 히로키는 루소의 『사회계약론』에 근거해 일반의지의 특징을 예리하게 짚어낸다. 나는 이를 네 가지로 나누어 정리해보았다.

첫째, 루소의 일반의지는 개인의지의 집합이며 공동체 전체의 의

장 자크 루소
Jean Jacques Rousseau

지다. 또한 일반의지는 항상 옳고 언제나 공공의 이익을 향하고 있다. 따라서 일반의지는 공동체 전체가 실현하는 것이다. 둘째, 주권은 일반의지에 있고 정부는 일반의지의 대행기관일 뿐이다. 루소의 '사회계약론'에 따르면 우선 각 개인 간의 사회계약이 이루어지고, 그 결과 일반의지가 생성되며, 마지막으로 통치기구가 설립된다. 이 점에서 통치기구와 권력구조에 주목했던 루소는 홉스와 로크 등 다른 사회계약론자와 다르다. 셋째, 지리적 규모나 인구 규모에 따라서는 일반의지를 집행하는 데 있어 민주제보다 군주제가 더 적합할 수도 있다. 루소에게 중요한 것은 주권자인 일반의지를 구체적으로 실현하는 주체가 왕인지 귀족인지 혹은 다른 누구인지는 중요하지 않다. 넷째, 일반의지는 인간의 의지가 아니라 사물의 의지이며, 토론이나 합의로 결정되지 않는다. 다시 말해 일반의지는 인간이 만들어내는 질서 바깥에 있다. 일반의지는 일정 수의 인간이 있고 그들 사이에 사회계약이 맺어져서 공동체가 만들어지기만 하면, 특별한 의사소통이 없어도, 즉 선거나 의회 같은 것이 없어도 자연히 수학적으로 존재하는 어떤 것이다. 이처럼 루소는 모든 시민이 한자리에 모여 자신의 의지를 표명하는 것만으로도 곧바로 일반의지가 탄생하는 상황을 꿈꾸었다.

여기서 네 번째가 가장 중요하다. 히로키는 이 네 번째 특징, 일반의지가 사물의 의지이며 의사소통 없이 수학적으로 존재한다는 점을 현대 정보기술과 접목한다. 그의 창의성이 돋보이는 대목이다. 그에 따르면 현재의 정보기술 환경에는 대중의 욕망과 그 이력이 새겨져 있는바, 이렇게 축적된 데이터베이스가 사람들의 집합적 무의식이며 현대의 일반의지, 곧 '일반의지 2.0'이라는 것이다.

따라서 미래의 정부란 선거, 공청회, 의견 공모 등 시민의 명시적이고 의식적인 의사표현에만 의존하는 것이 아니라 '네트워크에 흩뿌려진 무의식의 욕망'을 적극적으로 주워 담아 정책에 반영하는 정부 형태일 것으로 예측한다. 그는 선거를 통해 의원을 선출하고 긴 시간에 걸쳐 정책 심의를 반복하는 복잡한 절차를 전부 폐기하고, 데이터베이스에 나타난 시민의 행동 이력을 철저히 모아 그 분석 결과에 따르는 통치를 상상한다. 말하자면 선거 없는 민주주의를 조심스럽게 제안한다.

아즈마 히로키
東浩紀

21세기 국가 2.0에서 일반의지는 일반의지 1.0 혹은 전체의지(의식)와 일반의지 2.0(무의식)으로 분열되어 있다. 공론장은 숙의와 데이터베이스로 분열되어 있다. 정부 2.0은 정치인과 데이터베이스가 다투는 장, 충돌하는 인터페이스로 파악해야 한다. 21세기의 국가는 숙의의 한계를 데이터베이스의 확대를 통해 보완하고, 데이터베이스의 전제專制를 숙의의 논리로 억제하는 국가가 되어야 하지 않을까?

히로키는 이처럼 숙의와 데이터베이스가 투쟁하는 장, 공적인 의식과 가시화된 무의식(곧 일반의지)이 충돌하는 장으로 새로운 정부를 구상해야 한다고 제안하면서 자신의 도발적인 책『일반의지 2.0』을 마무리한다.

『일반의지 2.0』의 실현 가능성은 의문

이 책의 문제는 빅데이터 분석과 알고리즘을 과신한다는 데 있다. 2012년 이 책이 나올 당시만 해도 빅데이터라는 개념이 막 등장하기 시작한 시점이었고, 저자의 눈에는 그 엄청난 데이터 혁명의 긍정적인 측면이 크게 부각되었을 수도 있다. 하지만 그동안 빅데이터 분석기술도 발전하는 동시에 알고리즘의 문제점도 부상하는 등 정보기술 환경이 급변했다. 더구나 글로벌 팬데믹 이후 일상의 소통환경도 상전벽해에 가깝게 변했다. 2022년 말에는 챗Chat GPT라는 대화형 인공지능 서비스가 등장해 인공지능 시대의 새바람을 예고하고 있다.

이런 상황에서 아즈마 히로키의 후속 연구를 절실히 기다리고 있으나 아직 기별이 없다. 하지만 그는 인문학자로서 통찰력이 담긴 의견을 제시한 것만으로 자신의 역할을 다했다고 생각해서, 어쩌면 끝내 후속작을 쓰지 않을지도 모른다. 하지만 선거나 중요한 정치적 사건이 있을 때마다 현재의 대의민주주의가 과연 최선일까 하는 의문이 갈수록 심각하게 제기되고 있는 이때, 미완의 문제작인 『일반의지 2.0』은 이 의문에 대한 해법을 찾는 데 중요한 참고가 될 수 있다고 믿는다.

자발적 굴종의
유혹

정치인과 추종자의 관계를 생각하다가 문득 한 캐릭터가 떠올랐다. 이문열의 소설 『우리들의 일그러진 영웅』 속 주인공 '엄석대'다. 1987년이라는 예사롭지 않은 해에 발표된 『우리들의 일그러진 영웅』은 잘 알려져 있다시피 1950년대 말 시골의 한 초등학교 교실에서 벌어지는 사건을 통해 민주주의와 권력과 자유의 의미를 되새기게 하는 일종의 우화다. 이 소설의 공간적 배경이 서양에서 이식된 민주주의가 아직 자리 잡지 못한 산업화 이전의 농촌이었음을 기억해두어야겠다. 이 작품은 발표 직후 국내는 물론 해외에서도 호평받았고 나중에는 영화와 연극으로 만들어지기도 했다.

원작자가 이문열이라고 해서 굳이 색안경을 쓰고 볼 필요는 없다. 이문열은 진보세력을 극도로 혐오하는 수구인사라는 인상이 강한 인물이기는 하지만, 한때는 진영과 관계없이 전 국민적인 관심과 갈채를 받던 국민작가였고, 이 작품은 그때 썼다. 그의 수구적 성향이 그때라고 어찌 없었을까마는, 이를 감안하더라도 주제나 캐릭터의 상징성은 선명해 보인다.

인터넷을 검색해보면 어떤 문제적 정치인을 엄석대와 연결시킨 칼럼과 동영상이 더러 있다. 이들을 보며 격화소양隔靴搔痒, 신발 신고 가려운 데를 긁은 것처럼 뭔가 답답함을 느꼈다. 오래전 건성으로 읽어서 이야기 선이 가물가물하기는 했지만, 이들 칼럼과 동영상에서 소개한 주제와 내가 어렴풋하게 이해한 이 소설의 주제가 뭔가 다른 것 같다는 의구심 때문이었다.

추종자들의 비겁한 행태에 관한 이야기

거의 30년 만에 다시 그 소설을 집어 들었다. 술수와 부정한 짓으로 절대 권력을 누리다가 마침내 들통 나서 결국 개망신당하고 말았다는 식으로, 단순히 권선징악이나 사필귀정 따위의 전근대적 윤리의 담론으로만 그 소설을 이해해서는 안 된다는 사실을 깨달았다. 다시 말해 내가 이해한 이 소설은 주인공 엄석대로 상징되는 절대 권력자의 횡포와 몰락에 관한 이야기라기보다 나쁜 짓인 줄 알면서도 점점 권력의 단맛에 취해가는, 그러다가 판이 바뀌었다 싶은 순간 가차 없이 등을 돌리는 추종자들에 관한 이야기였다.

이문열
李文烈

그가 내게 바라는 것은 오직 내가 그의 질서에 순응하는 것, 그리하여 그가 구축해 둔 왕국을 허물려 들지 않는 것뿐이었다. 실은 그거야말로 굴종이며, 그의 질서와 왕국이 정의롭지 못하다는 전제와 결합되면 그 굴종은 곧 내가 치른 대가 중에서 가장 값비싼 대가가 될 수도 있으나 이미 자유와 합리의 기억을 포기한 내게는 조금도 그렇게 느껴지지 않았다. 그러나 그것도 석대가 원해서 그랬는지, 내가 자청해서 그랬는지조차 뚜렷하게 기억나지 않을 만큼 강요받은 흔적은 보이지 않는다. 짐작으로 그의 왕국에 안주한 한 신민臣民으로 자발적으로 바친 조세가 부역에 가까운 것인 성싶다.

이처럼 이 소설의 화자는 우여곡절 끝에 자발적인 순응과 굴종

을 통해 왕국의 신민으로 안주할 수 있는 자격을 얻은 데 절대적으로 만족했다. 일종의 노예근성이랄 수 있는 그 자세가 자유와 합리보다 더 달콤한 경험이었다는 것이다. 만해 한용운 선생의 시「복종」에 나오는 한 구절 "복종하고 싶은데 복종하는 것은 아름다운 자유보다도 달콤합니다, 그것이 나의 행복입니다"를 생각나게 하는 대목이다. 물론 정치적 이해관계에 따른 한시적 복종과 종교적 태도에서 기인하는 무한한 복종은 질적으로 크게 다르겠지만.

그때가 아직 1950년대였기 때문만은 아닐 것이다. 민주주의를 훈련받지 않았거나 훈련받기를 원치 않는 사람이라면 누구라도, 어느 시기라도 그런 성정을 가질 수 있다. 만약 어떤 정치인이 불공정과 편파의 의혹을 받고 있을 뿐 아니라 정치인으로서도 함량 미달의 역량을 거듭해서 보여주고 있는데도 지지율이 떨어지지 않는다면, 그 이유를 여기서 유추할 수 있지 않을까.

이 소설이 극적인 반전을 맞이하는 것은, 새 학년 담임 교체에 따라 공정·자유·자율의 가치를 존중하는 김 선생의 부임과 함께 엄석대의 전횡과 비리가 밝혀지면서였다. 엄석대라는 절대 권력은 대리시험의 부정행위가 밝혀지는 순간 모래성처럼 순식간에 무너져 내린다.

"엄석대, 여기를 잘 봐. 여기 이름 쓴 데 지우개 자국이 보이지?"
그제서야 나는 담임 선생님이 드디어 석대의 비밀을 눈치챘음을 알았다. 그러자 문득 석대를 향한 동정이나 근심보다는 일의 결말이

더 궁금해지기 시작했다. 석대가 그 전 라이터 사건 때처럼 자신의
잘못을 부인하고 아이들도 그때처럼 입을 모아 그를 뒷받침해 준다
면 어떻게 될까 하는 것이었다. (중략)
"잘못……했습니다."

이렇게 엄석대는 결국 진실 앞에 머리를 조아린다. 그런데 앞에
서도 말했지만, 이 소설에서 놓치지 말아야 할 대목은 새로 부임한
김 선생 덕에 엄석대라는 절대 권력이 무너지는 과정에서 보여준
급우들의 비겁한 행태다.

석대의 나쁜 짓을 까발리고 들춰내는 데 가장 열성적이고 공격적인
아이들은 대개 두 부류였다. 하나는 간절히 석대의 총애를 받기 원
했으나, 이런저런 까닭으로 끝내는 실패한 부류였고, 다른 하나는
그날 아침까지도 석대 곁에 붙어 그 숱한 나쁜 짓에 그의 손발 노릇
을 하던 부류였다. 내 눈에는 그 애들이 석대가 쓰러진 걸 보고서야
덤벼들어 등을 밟아 대는 교활하고도 비열한 변절자로밖에 비춰지
지 않았다.

측근이 되는 데 성공했든 실패했든, 절대 권력의 총애를 열망했
던 추종자들이 오히려 그 절대 권력을 공격하는 데 앞장섰다는 것
이다. 이 대목을 보면 정치인에 대한 지지는 바람 앞의 등불과 같은
것임을 알 수 있다. 그에게 빌붙었던 추종자들이 새로운 권력이 등

장하는 즉시 등을 돌릴 수도 있기 때문이다. 그렇게 되면 그에 대한 지지는 하루아침에 거품처럼 푹 꺼질 수도 있다.

이문열은 이 소설을 통해 궁극적으로 자유며 평등이며 대의민주제 같은 서구적 근대의 가치가 과연 이 땅에서 실현될 수 있는지를 묻고 있다. 이는 곧 우리에게도 과연 김 선생이 찾아올까 하는 질문이다. 하기야 귀족주의자이자 근왕주의자이며 봉건왕조의 전통을 찬미하는 복고주의자 이문열다운 질문이다. 하지만 이 소설이 지금까지 긴 울림을 주는 이유는 그 질문이 서구적 근대에 대한 근본적인 문제제기와 맞닿아 있기 때문일 것이다.

07

법치의 배반

법의 이름으로
꼼수를 쓰다

'법 앞의 평등'이라는
기만술

2023년 2월의 '50억 클럽 무죄 선고'를 계기로, 법의 공정성에 대한 의문이 더욱 커지고 있다. '50억 클럽 무죄선고'란 한 전직 검사가 막대한 개발이익을 챙긴 일당에게서 아들의 퇴직금이라는 명목으로 50억 원의 뇌물을 받은 혐의에 대해 1심 법원이 무죄를 선고한 일을 말한다. 이 판결은 2010년의 '버스 기사 800원 유죄 선고'와 비교되면서 많은 국민의 공분을 샀다. '버스 기사 800원 유죄 선고'란 800원을 횡령했다는 이유로 해고당한 버스 기사에 대해 법원에서도 해고가 정당하다고 판결한 일을 말한다. 이렇듯 약자라는 이유로 억울하게 피해를 보고 강자라는 이유로 부당하게 혜택을 보는 일이 거듭될수록 원망스럽게 떠오르는 용어가 바로 '법 앞의 평등'이다.

세계 최초로 '법 앞의 평등'을 규정한 법 조항은 1791년 9월 프랑스 '제헌의회'에서 발표한 「프랑스 인권선언」(「인간과 시민의 권리 선언」) 6조다. "모든 시민은 법 앞에 평등하므로, 그 능력에 따라서, 그리고 덕성과 재능에 따른 차별 이외에는 평등하게 공적인 위계, 직위, 직무 등에 취임할 수 있다"라고 되어 있다. 1948년 정부 수립 때부터 대한민국 헌법에도 당당히 올라 있다. 11조 1항에 "모든 국민은 법 앞에 평등하다. 누구든지 성별·종교 또는 사회적 신분에 의하여 정치적·경제적·사회적·문화적 생활의 모든 영역에 있어서 차별을 받지 아니한다"라고 명시되어 있다.

어쩌면 이 용어는 민주공화국의 상징이라고도 할 수 있을 만큼 막중한 무게를 지닌다. 하지만 한 정치인은 이 용어를 "법은 (만인이 아니라) 만 명에게만 평등하다"라고 비꼬기도 했다. '유전무죄 무전유죄'와 '유검무죄 무검유죄'라는 말도 결국에는 이 '법 앞의 평등'을 조롱하는 용어다. 언제부터 '법 앞의 평등'은 꼬리표처럼 의문부호가 달린 수상한 용어가 되었을까?

귀족과 민중 사이에 낀 부르주아의 딜레마

알고 보면 '법 앞의 평등'이라는 구절은 프랑스 혁명 당시 처음 등장할 때부터 기만의 언어였다. 그 이유를 알기 위해서는 당시 부르주아지가 처한 딜레마적인 상황을 이해할 필요가 있다. 프랑스 혁명사의 세계적인 권위자 알베르 소불의 대표작 『프랑스 혁명사』와

알베르 소불
Albert Soboul

『프랑스 대혁명』의 길 안내를 받으며, 혁명의 뜨거운 열기 속으로 들어가 보자.

프랑스 혁명은 한마디로 상업과 무역 또는 법조계 등 전문직에 종사하며 부를 쌓은 부르주아가 제1, 2신분 중 특히 귀족의 특권을 없애고 자신들의 재산과 자유를 유지·확대하기 위한 투쟁이었다. 당시 부르주아는 특권층인 성직자와 귀족에 이어 제3신분으로 전국신분회를 구성하는 평민의 상층부에 속했다. 인구 비율로 보면 특권층이 2~3퍼센트, 나머지 97~98퍼센트가 평민이었다. 평민 계급은 부르주아 말고도 '상퀼로트'로 대표되는 중간층과 민중으로 통칭되는 하층으로 구성되었다. 비율로는 부르주아와 상퀼로트는 극소수였고 민중이 압도적으로 많았지만, 계몽사상과 전문지식으로 무장한 부르주아지가 제3신분 전체를 대표했다. 하지만 그들은 모두가 평등한 사회를 만드는 일보다 자신들의 재산권을 안전하게 보호하고 강화하는 일을 더 시급하고 중요하게 생각했다는 점이 문제였다.

이렇듯 복잡한 이해관계 속에 놓인 당시 부르주아는 딜레마에 빠졌다. 우선 부르주아는 자신들의 재산과 소유권을 지키려면 귀족의 특권을 없애야 했지만, 무리하게 추진하다가 역풍을 맞아 자칫 왕정복고와 같은 반동적 상황이 벌어질까 봐 두려워했다. 다른 한편으로 그들은 자신들만의 힘으로 특권을 혁파하기 어려웠으므로 민중의 도움이 절대적으로 필요했다. 결국 부르주아지는 위로는 귀족, 아래로는 민중 사이에서 절묘한 줄타기를 해야 했다. 그래서 그들은 민중의 동참을 이끌어낼 만한 명분을 내세우면서도 혁명의 과실을 자신들만 독점할 방도를 찾고 싶었다.

이 같은 상황 속에서 제헌의회는 혁명의 명분으로 인권선언을 발표했다. '위키백과'에 따르면, "계몽주의와 자연법 사상의 영향을 받아 만들어진 이 선언은 프랑스 혁명의 핵심으로, 자유와 평등, 종교, 출판 결사의 자유 등 인간의 천부적 권리는 장소와 시간을 초월하여 보편적임을 선언하였다"라고 그 의미를 부여했다. 이렇듯 부르주아는 이 선언으로 명분을 챙겼지만, 앞에서 말했듯이 특권층인 귀족의 반동을 무마하고 민중의 지분 요구를 피하기 위한 별도의 대책을 마련해야 했다.

인권선언 6조는 민중의 지분 요구를 피하려는 꼼수

부르주아가 귀족을 무마하기 위해 내놓은 카드는 귀족과의 타협이었다. 제3신분 대표인 부르주아 대다수는 법률가로서 영주의 권리를 개인의 정당한 소유권으로 간주했으며, 이를 강제로 폐지한다면 부르주아지 신분마저도 위험에 빠질 것으로 판단했다. 마침 구체적인 타협안이 자유주의자 귀족들에게서 나왔다. 자작 작위를 가진 한 귀족이 모든 봉건적 권리는 돈으로 변제되거나 '합당한 평가를 거쳐 매겨진 가격'으로 교환될 수 있도록 하자는 제안을 내놓았다. 부르주아지는 이 제안에 대해, 정당한 보상 없이 영지를 소유한 귀족 영주들의 본원적 권리를 완전히 포기하라고 강요할 수는 없다고 맞장구를 쳤다. 이것이 특권 폐지의 실체였다. 그래서 특권계급은 그들의 재산을 전적으로, 그리고 돌이킬 수 없을 정도로 빼앗기지 않았다고 한다. 소불은 19세기에 들어와 귀족은 결국 상층 부르주아지와 하나로 합쳐졌다며 부르주아와 귀족 간 타협의 결과를 다음과 같이 평가한다.

경제적 봉건제도는 새로운 방식으로 살아남았다. 모든 봉건제적 권리가 변제될 수 있음이 선언된 것이다. 이는 귀족들이 누리던 권리의 대부분이 실질적으로 보존된다는 것을 뜻했다. 농민들은 예속에서 벗어났으나 그들이 농사짓던 땅을 예속에서 벗어나게 하려면 대가를 지불해야 했다. 즉 되사기의 부담이 너무 컸기 때문에 소농들이 되사기를 통해 토지로부터 해방될 수 없었다.

다음으로 부르주아가 민중의 지분 요구를 피하려고 찾아낸 방안은 인권선언 중 몇 개 조항에 딸린 제약조건이었다. '법 앞의 평등'을 규정한 6조를 다시 살펴보자. "모든 시민은 법 앞에 평등하므로, 그 능력에 따라서, 그리고 덕성과 재능에 따른 차별 이외에는 평등하게 공적인 위계, 직위, 직무 등에 취임할 수 있다." 여기서 '~이외에는'이 바로 제약조건이다. 부르주아 계급 특유의 근엄하고 정중한 말투로 표현해서 그렇지, 실은 능력과 덕성과 재능이 부족한 민중계급 앞에 드높은 장벽을 쳐놓은 것이다. 너희들은 능력도 덕성도 재능도 없으니 불평등을 감수하라는 뜻이었다. 법 앞의 평등이란 곧 법 앞의 불평등이라는 말이나 마찬가지인 셈이다.

제약조건이 6조에만 있지는 않았다. 1조는 "사람들은 자유롭게 그리고 권리에서 평등하게 태어나며 또 그렇게 존속한다. 사회적 차별은 오직 공동의 유용성에 입각할 때만 가능하다"라고 되어 있다. 여기서는 '오직 공동의 유용성에 입각할 때만'이 제약조건이다. '공동의 유용성'이라는 주관적 기준에 못 미치면 사회적 차별을 할 수 있다는 뜻이다. 누구나 자유롭고 평등한 세상을 연 듯이 말하고 있지만, 실은 그 세상이 '공동의 유용성' 여부를 가늠하는 '해석 권력'의 손아귀에 맡겨진 셈이다. 또한 13조는 "그것(공동의 기여)은 모든 시민에게 그들의 능력에 따라 평등하게 배분되어야 한다"라고 명시되어 있다. 여기서는 '능력에 따라'가 제약조건이다. 기여의

미라보 백작
comte de Mirabeau

평등한 배분이 절대적으로 보장된 듯이 보이지만 실은 능력의 정도를 판단하는 '해석 권력'에 맡겨져 있는 것이다.

이에 대해 당시 부르주아지를 대변하던 미라보 백작조차 "이러한 주의·제약·조건들은 거의 도처에서 권리를 의무로, 자유를 속박으로 대체하고 여러 측면에서 입법의 가장 거추장스러운 부분까지 잠식하여 인간을 자연 상태의 자연스러운 존재가 아니라 국가와 사회에 속박된 존재로 만들었다"라며 비판했다. 바로 그 제약조건들 때문에 '법 앞의 평등'은 물론 '자유와 평등의 천부인권'과 '기여의 평등한 배분'이 모두 기만의 언어라고 말할 수 있다. 소불은 이렇게 말한다. "사실상 1789년에 부르주아가 권리의 평등이라는 원칙을 내세운 것은 단지 특권계급의 특권을 공격하기 위해서였다. 민중에 대해서 부르주아는 법이라는 관점에서 이론적인 평등만을 문제시할 뿐이었다."

출산에 따른 특권을 금전에 기댄 특권으로 바꾸다

부르주아는 혁명력 3년(1795년)에 채택한 헌법에서 또 하나의 특권세력이 되려는 의도를 노골적으로 드러냈다. 이 헌법에서 부르주아지는 인권선언 1조를 폐지하고 모든 유색인은 시민권을 갖지 못한다고 결정했으며, 노동자들의 결사와 파업을 금지했고 재산이 있는 사람에게만 투표권을 부여했다. 이에 대해 소불은 "출산에 따른 특권을 금전에 기댄 특권으로 바꾼 셈"이라며, "새로운 국가는 단지 새로운 지배계급의 특권을 보장하는 부르주아 국가에 불과했다"라고 평가했다.

프랑스 혁명은 부르주아가 귀족에게서 빼앗은 특권을 자유와 평등의 이름으로 모든 인간에게 고루 나눠주려고 일으킨 혁명인 줄 알았는데, 알고 보니 특권의 주인이 귀족에서 부르주아로 바뀐 사건이었다. 그러니 '법 앞의 평등'이라는 말은 태어날 당시부터 이미 '법은 만인에게만 평등하다'라거나 '무전유죄 · 유전무죄' 또는 '무검유죄 · 유검무죄'라고 해석될 운명을 안고 있었다.

'법 지상주의' 프레임에 갇힌
우영우

2022년 여름은 16부작 드라마 〈이
상한 변호사 우영우〉의 열풍까지 더해져 어느 해보다도 뜨거웠다.
한창 때는 모이면 우영우였고 켜면 우영우였다. 우영우 변호사는
인간적인 체온이 느껴지는 따뜻한 법, 소외된 이웃을 품어주는 너
그러운 법, 개발과 이익 대신 생태와 환경을 더 중시하는 푸근한 법
을 추구함으로써 아름다운 세상을 실현하려고 노력했다. 냉혹하
고 엄격하다고만 생각했던 법과 법조인이 이렇게 따뜻하고 너그럽
고 인간적일 수 있음을 보여주었다는 점에 사람들은 열렬한 지지
를 보냈던 것 같다. 법적 현실이 고되고 힘겨울수록 이 드라마에서
보여준 따뜻한 법이 더 감동을 주었을 것이다.

그런데 나에게 이 드라마는 뜨거운 감동을 안겨주다가도 막상 현실로 돌아왔을 때는 늘 개운치 않은 뒷맛을 남겨주었다. 자폐인임에도 놀라운 암기력과 추론 능력에 최고의 스펙을 가진 데다 미모와 따뜻한 심성까지 갖춘 한 젊은 여성 변호사를 이상하다고 한 제목부터 왠지 개운치 않다. 이상하다는 표현이 역설의 수사법임을 어찌 모를까마는, 실은 이상한 게 아니라 특출 난 것이다. 우리말 사전에 따르면, '이상하다'는 '의심스럽거나 알 수 없는 데가 있다'는 뜻으로 부정적인 뉘앙스가 강한 표현이다. 우영우 변호사가 이상하다는 말은 수십억 원대 자산가의 '그저 굶지나 않고 산다'는 말처럼 왠지 어울리지 않는다. 영어 제목을 보니 '이상한'을 'extraordinary'로 옮겼던데, 그게 맞는 표현이다. 이는 비범하거나 대단하다는 뜻으로 능력이나 성과를 극찬하는 뉘앙스를 담고 있기 때문이다.

하지만 이 드라마가 내게 개운치 않은 뒷맛을 남겼다고 생각한 진짜 이유는 따로 있다. 한마디로 '법 지상주의'를 부추기고 있기 때문이다. 최근 몇 년 동안 우리 사회에는 법이 세상만사 위에서 군림하는 현상이 갈수록 심해지고 있다. 생각나는 대로 몇 가지 굵직굵직한 일들만 떠올려보자. 여당이든 야당이든 전직이든 현직이든 당대표나 원내대표 대다수가 법조인 출신이다. 전·현 대통령도 모두 법조인 출신이고, 지난 대선 때 거의 모든 (예비) 후보들이 법조인이거나 법 전공자였다. 시사 프로그램의 진행자나 출연자 중 상당수가 법조인이며, 정부 부처 중 유독 법무부와 검찰청은 일거수일투족까지 주목받고 있다. 행정부의 정책이나 정당의 결정사항이 법 절차에 따른 기소와 판결의 대상으로 전락하기도 해서 체면을 한껏 구기고 있다. 언론보도의 사실 여부도 법정에서 가려지기 전까지는 진영논리에 따라 오락가락한다. 법 지상주의 열풍은 드라마에도 불어 닥쳐서 채널마다 법정 드라마들이 줄지어 전파를 타며 시청률 상위권 경쟁을 벌이고 있다. 이대로 가면 법조문이 예수의 말씀보다 더 위대한 길이요 진리요 생명이 되고, 부처의 말씀보다 더 고귀한 대자대비의 가르침이 될 판이다.

법은 아름다운 세상을 만드는 작은 도구일 뿐

드라마 '우영우'의 성공은 어쩌면 이렇듯 뜨겁게 달아오르는 법 지상주의 풍토에 기름을 붓고 있는지도 모른다. 우영우 변호사가 법을 통해 아름다운 세상을 꿈꾸고 실천한 것은 분명하다. 하지만 문제는 그녀가 추구한 그 아름다운 세상은 법을 통해서, 즉 고소와 고발, 기소와 구속, 변론과 논고, 판결과 처벌 등 일련의 법적 과정을 통해서만 이루어질 수 있다는 점이다. 바꿔 말하면, 그 아름다운 세상이 법 지상주의 프레임 속에 갇혀 있다는 얘기다. 이 사실을 우리는 똑똑히 기억해야 한다.

아름다운 세상은 법이나 법의 원리(법리)를 통해서만 만들어지지 않는다. 아름다운 세상은 법보다는 도덕과 윤리, 학문과 예술, 과학과 기술 등 다양한 영역에서 인류가 오랫동안 쌓아 올린 지혜로 만들어진다. 아름다운 세상은 법리보다는 비판적 이성을 통한 사유와 성찰, 공감과 배려, 관용과 절제, 공동선을 위한 시민적 덕성 등으로 만들어진다. "법은 도덕의 최소한이다"라는 독일의 법학자 게오르크 엘리네크의 말을 인용할 것도 없이, 법은 아름다운 세상을 만드는 데 필요한 작은 도구일 뿐이다. 그러니 법이 모든 가치와 질서의 슈퍼갑인 작금의 법 지상주의 사회는 결코 아름다운 세상이 아니다. 따라서 아름다운 세상을 만들려면 먼저 법 지상주의를 무너뜨려야 하고, 법을 '절대 반지'로 여기는 법 지상주의 프레임에서 벗어나야 한다.

아무리 따뜻하고 너그럽고 푸근한 법을 추구하고 실천했더라도, 〈이상한 변호사 우영우〉는 법 지상주의 프레임을 벗어나지 못했음은 물론 오히려 이를 강화한 책임이 있다. 이는 아무리 자상한 노예주라도 노예제라는 굴레에서 벗어나지 못한 사고방식 탓에, 결국 노예제를 강화한 책임이 있는 것과 같다. 노예에게 필요한 것은 노예제 옹호자인 노예주의 자상한 배려가 아니라 노예제의 철폐를 포함해서 평등한 인간으로서 권리와 존엄을 제도적으로 보장해주는 일이다. 이렇게 보면 자상한 노예주가 오히려 최악의 노예주가 될 수도 있다. 이에 관해 아일랜드 출신의 극작가이자 시인인 오스카 와일드는 보석 같은 명언을 남겼다.

오스카 와일드
Oscar Wilde

최악의 노예 소유주는 자신의 노예들에게 친절하게 대해서 노예제 도로부터 고통받는 이들과 그 제도를 심사숙고하는 이들이 그것의 끔찍함을 깨닫거나 이해하지 못하게 했던 사람들이었다. 마찬가지로 현재 영국에서 가장 해악을 끼치는 이들은 노예들에게 가장 좋은 일을 하려고 노력하는 사람들이다.

결국 〈이상한 변호사 우영우〉는 자상한 노예주처럼 법을 통해 아름다운 세상을 만듦으로써 결과적으로 사람들이 법 지상주의의 끔찍함을 깨닫거나 이해하지 못하게 만든 '최악의 드라마'가 아닐까? 이런 평가가 너무 심하다면, 일단 법 지상주의 프레임을 고착, 강화하는 데 기여한 문제 있는 드라마라고 해두자. 이것이 바로 이

드라마가 내게 찜찜한 뒷맛을 남긴 이유였다.

우영우 신드롬에서 깨어나 주위를 둘러보라. 오늘도 법 지상주의자들은 여기저기서 법전을 양손에 들고 신들린 듯이 망나니 춤을 추고 있지 않은가.

사라지지 않은
특권

게오르크 루카치는 소설의 성격을 "길이 끝나자 여행이 시작되었다"라는 한 문장으로 압축했다. 근대인은 자아를 찾아서 늘 미지의 목적지를 향해 떠나야 하는 존재인데, 그 모험의 여정을 담는 형식이 바로 소설이라는 뜻이다. 그리고 그렇게 떠나는 사람을 '문제적 개인'이라고 불렀다(문제적 개인은 총체성을 회복하고자 노력하면서 역사적 전망을 개척해가는 인물이다). 임은정 검사의 의연한 다짐이 담긴 "계속 가보겠습니다"라는 책 제목을 처음 접했을 때, 나는 루카치의 그 유명한 명제를 떠올렸다. 물론 임 검사의 다짐은 루카치의 명제와 같으면서도 다르다. 삶 전체를 건 모험의 여정을 담고 있다는 점은 같지만, (검찰개혁이라는) 분명한 목적지를 향하고 있다는 점은 다르다.

마지막 특권집단의 내부 고발자

『계속 가보겠습니다』는 '앙시앙레짐(구체제)의 마지막 특권집단'인 검찰에 대한 10년간의 분노와 좌절 그리고 결의와 애정이 페이지마다 배어 있는, 한 정의로운 검사의 외로운 투쟁기다. 일부 검사가 많은 문제를 지니고 있다는 사실을 대략은 알고 있었지만, 이렇게까지 무도하고 무자비한 줄은 이 책을 읽고 비로소 알게 되었다. 물론 검찰 전체가 아니라 일부 특수통 검사 집단이 더 문제겠으나, 나머지 검찰 구성원들도 그 조폭적 행태를 침묵으로 방조한 죄에서 결코 자유롭지 못하다.

　이전에도 검찰의 치부를 폭로한 전직 검사가 몇 명 있었지만, 그들은 짧은 기간 동안 몇몇 사건을 겪은 후 더러워서 그만둔 인물들로 기억한다. 물론 그들의 용기도 가상하다. 하지만 10년이라는 긴 시간 동안 고립무원의 호랑이굴에서 단기필마로, 감당하기 어려운 사퇴 압력과 인간적인 모멸감을 견디면서, 기수 열외 따위의 쪼잔한 따돌림과 좌천이니 수사 배제 따위의 치졸한 불이익을 감수하며, 때론 작은 전공戰功도 세우고 더러 박수도 받아가며, 외롭지만 의연하게 버텨온 지사志士형 내부 고발자는 임은정 검사가 유일한 것 같다. 임 검사는 언론사 인터뷰에서, 자신은 지난 10년간 검찰 내 불가촉천민으로 살아왔다고 회상하면서 반드시 성공한 내부 고발자가 되겠다는 포부를 당당하게 밝히기도 했다.

『난중일기』와 『나는 고발한다』의 비장함으로 쓴 책

이 책의 1부에는 그동안 검찰 내부 게시판('이프로스')에 올린 글들이, 2부에는 『경향신문』에 실린 칼럼들이 들어 있다. 글을 쓴 배경을 알려주고 당시 검찰 내부 사정과 사회 분위기를 설명하거나 현재 시점에서 회고하는 내용이 꼭지마다 덧붙여져 있다. 임은정 검사가 생각하는 이 책의 성격은 1부의 제목을 '난중일기'로, 2부의 제목을 '나는 고발한다'로 정한 데서 잘 드러난다. 이순신 장군의 『난중일기』에는 승전의 위업도 담겨 있지만, 임은정 검사가 그 이름을 가져온 이유는 그보다 임란 당시 무능한 조정과의 갈등, 권력에만 눈이 먼 집권세력의 온갖 시기와 음해를 꿋꿋하게 견뎌낸 이순신 장군의 내면을 담은 기록이라는 점 때문일 것이다. 가령 다음 문장들에서 임은정 검사의 결연함과 안타까움 같은 내면의 모습을 확인할 수 있다.

검사가 마땅히 해야 할 일을 함에 있어 용기와 희생을 필요로 하는 검찰의 부조리를 고치기 위해 저는, 힘겹게 용기를 내었고 기꺼이 희생을 감수했습니다.

무죄는 무죄라고 해야 한다는 당연한 직무를 수행했을 뿐인데 왜, 다른 사심이 있는지 의심받고 손가락질을 받았을까요? 이 놀라운 현실을 저는 아직 잘 이해하지 못합니다.

2부의 제목인 '나는 고발한다'는 19세기가 저물 무렵 프랑스에서 벌어진 드레퓌스 사건 당시, 프랑스 지식인 사회의 비겁한 침묵을 깨고 용감하게 드레퓌스의 무죄를 주장함으로써 재심의 계기를 만든, 에밀 졸라의 역사적인 글의 제목(J'accuse)에서 따왔다. 『로로르L'Aurore』라는 신문 1898년 1월 13일자에 실린 이 글은 에밀 졸라가 당시 대통령에게 보내는 공개서한 형식을 취하고 있다. 평소 에밀 졸라의 문장과 달리 비장하고 엄중하다.

> 진실, 저는 진실을 말하겠습니다. 왜냐하면 정식으로 재판을 담당한 사법부가 만천하에 진실을 밝히지 않는다면 제가 진실을 밝히겠다고 약속했기 때문입니다. 제 의무는 말을 하는 겁니다. 저는 역사의 공범자가 되고 싶지 않습니다. 만일 제가 공범자가 된다면, 앞으로 제가 보낼 밤들은 가장 잔혹한 고문으로 저지르지도 않은 죄를 속죄하고 있는 저 무고한 사람의 유령으로 가득한 밤이 될 것입니다.
>
> 에밀 졸라, 『나는 고발한다』 중에서

뜻대로 되지는 않았지만, 임은정 검사는 에밀 졸라의 그 글처럼 자신의 글들도 검찰개혁의 도화선이 되기를 기대하며, 국민들에게 검찰의 부당한 행태와 비리를 저지른 검사들을 고발하는 형식을 취했다. 어떻게 보면 이 책 전체가 국민에게 드리는 고발장이다. 이는 이 책의 맨 마지막 문장에서 확인된다.

에밀 졸라
Emile Zola

공익 신고자인 검찰 구성원으로서 주권자 시민에게 검찰의 과거와
현재를 고발합니다. 이런 검찰이 과연 검찰권을 감당할 자격이 있는
지 판단해주십시오.

역사가 부여한 소명, 검찰개혁

임은정을 임은정이게 하는 힘은 어디에서 올까? 다시 말해 깨어지
고 무너지면서도 지치지 않고 계란으로 바위를 치게 하는 원동력
은 무엇일까? 단언컨대 이는 역사다. 역사 속에서 진실은 반드시
승리한다는 믿음이다. 말하자면 그녀에게 검찰개혁의 추진은 역사

가 부여한 소명인 셈이다. 그녀는 자신의 판단이 흔들릴 때마다 중국의 역사서 『사기史記』와 『자치통감資治通鑑』 등에서 사례들을 살피며 확신을 얻었고, 정치검사들의 어이없는 작태를 접할 때마다 조선 중기의 대유학자 남명 조식(1501-1572)의 『남명집南冥集』과 구한말의 우국지사 매천 황현(1855-1910)의 『매천야록梅泉野錄』 등에서 전거를 구하며 마음을 다잡은 듯했다. 또한 이육사나 윤동주의 삶과 시를 살피며 역사 앞에서 부끄러움이 없는 삶을 살겠다고 다짐하기도 했다.

지금 제가 혼자처럼 보이지만 역사의 관점에서 보면 길게 늘어선 줄의 앞자리에 가고 있는 겁니다. 혼자라도 갈 각오입니다만 역사의 광야에서 앞서 걸어간 분들의 앞자리에 가고 있는 겁니다.

'세상은 물시계와 같구나, 사람들의 눈물이 차올라 넘쳐야 초침 하나가 겨우 움직이는구나, 사회가 함께 울어줄 때 비로소 역사가 한 발을 떼는구나' 하는 생각을 했었습니다.

역사에 헛됨은 없습니다. 문이 열릴 때까지 벽이 부서질 때까지 저는 두드릴 것이고 결국 검찰은 바뀔 것입니다. 그 벽이 아니라 벽을 부수는 귀한 역할이 제게 주어진 것에 감사하며 계속 두드려보겠습니다.

그녀의 결연하고 비장한 자세에 머리가 저절로 숙여진다. 아직

임은정은 이순신이나 에밀 졸라와 비교될 수 없을지 모른다. 아직 남명 조식, 매천 황현, 이육사, 윤동주만큼의 역사적 평가에 미치지 못하는 것도 사실이다. 하지만 나는 『계속 가보겠습니다』에 실려 있는 10년의 기록과 다짐이 머지않아 그들만큼의 역사적 평가를 받게 되리라 믿는다.

포스트모던인가, 새로운 중세인가

시민계급(부르주아지)이 근대사회를 열 수 있었던 것은 법을 통해 봉건적 기득권 세력의 특권을 없앴기 때문이었다. 하지만 우리는 지금, 특권을 없애야 할 법이 특권을 지키기 위해 이용되는 어처구니없는 상황을 지켜보고 있다. 법의 허점을 이용하는 무리, 악법을 제정·유지하거나 개혁 법안을 저지하는 무리, 법의 해석을 독점해서 자의적으로 적용하는 무리들이 손을 잡고 카르텔을 만들어 새로운 특권세력이 되고 있다. 특권은 엄청난 지대수익을 통해 막대한 경제자본은 물론 강력한 문화자본과 사회자본까지 낳는다. 그렇게 특권으로 만들어진 자본은 대물림되면서 대를 이어 특권세력을 탄생시킨다. 250년 전 특권세력을 없앴던 법이 새로운 특권세력을 낳게 된 이 엄청난 반전! 움베르토 에코의 의문대로 지금은 과연 포스트모던(탈근대)인가, 새로운 중세인가?

GDP 3만 달러 돌파와 선진국 진입, 〈기생충〉과 〈미나리〉에서 연이은 아카데미상 수상, BTS의 빌보드차트 석권, 〈오징어게임〉의 전 세계적인 열광에 도취해 있는 사이, 법 기술자들은 굳건한 카르텔을 형성해서 더욱 미쳐 날뛰고 있다. 하지만 이런 사회는 문명(=법치)으로 위장된 야만사회일 뿐이다. 이 새로운 야만사회에서는 돌도끼나 돌칼 대신 법봉이나 법전을 들고 짐승 가죽 대신 법복을 입은 신종 야만인들이, 노루나 사슴고기 대신 전관예우나 개발이익 따위의 기름진 음식을 배 터지도록 먹게 될 것이다.

08

잃어버린
공동체를 찾아서

'후계동'이라는 이름의
'오래된 미래'

20대 가수 '케이시'가 부른 노래 가운데 〈그때가 좋았어〉가 있다. 헤어진 연인과 함께 보냈던 시간을 그리워하는 이야기가 감미로운 음색에 담겨 있다.

봄처럼 따뜻했던 그때가 좋았어/너 하나로 충분했던 그때가 좋았어/(중략)/가진 것도 없고 초라했어도/서로만으로 충분했으니까 우린.

어찌 젊은 세대만 '그때'를 그리워하겠는가. 그리워할 '그때'는 기성세대가 더 많이 간직하고 있겠지만, 특정한 과거의 시간을 아름답게 기억하는 건 모든 세대가 공유하는 심성이다. 누구든 이제는 돌아갈 수 없는 한 시절을 가슴에 품고 사는 법이다.

〈나의 아저씨〉 속 두 개의 공동체

시간상으로는 돌아올 수 없는 그 시절을, 현재의 특정한 공간 속으로 불러낸 드라마가 있다. 2018년 봄, '그때'가 좋았다고 생각하는 수많은 사람을 울린 16부작 〈나의 아저씨〉다. 〈나의 아저씨〉는 서로 대비되는 두 개의 공동체를 축으로 전개된다. 하나는 '이익과 배제의 공동체'로, 삼안 E&C라는 대형 건설회사가 주 무대다. 이곳은 자신과 자신이 속한 패거리의 이익을 극대화하기 위해 음모·협잡·폭력·사주·도청·미행 등 온갖 불법과 악행이 난무하는 공간이다. 이 공동체가 작동되는 원리는 단연코 이익이며, 누구든 이익에 반할 때는 철저히 배제되거나 응징된다.

또 하나는 '우정과 환대의 공동체'로, '후계동'이라는 서울 변두리 동네가 주 무대다. 이곳은 어릴 적부터 수십 년간 한 동네에서 형제자매처럼 살아온 사람들이 서로 돕고 베풀고 나누며 함께 분노하고 기뻐하는 공간이다. 작동원리가 우정(또는 형제애)인 이 공동체에서 인연을 맺은 사람이면 누구든 언제라도 따뜻하게 환대받거나 위로받는다.

남자 주인공 박동훈(이선균 분)은 이 두 공동체에 모두 걸쳐 있는 인물로 일종의 매개항이다. 양쪽에 걸쳐 있긴 하지만 정확히 말하면 마음은 우정과 환대의 공동체에 두고 몸만 이익과 배제의 공동체에 와 있다. 그래서 이익과 배제의 냉혹한 논리에 적응하지 못한 채 좋은 실력과 학벌을 가지고 있는데도 늘 불이익을 당한다. 그래도 그는 타협하지 않고 자신의 직장인 삼안 E&C 내에서 우정과 환대의 가치를 꿋꿋이 지켜나간다. 마침내 자신을 곤경에 빠뜨리려던 이지안(아이유 분)을 구원하고, 외도한 아내를 회개시키며, 나아가 상무이사 진급이라는 극적인 반전까지 이루어낸다.

어떻게 보면 이 드라마는 비현실적인 공간에서 비현실적인 교훈(권선징악)으로 마무리된다는 점에서 꽤나 신파적이다. 하지만 그 비현실적인 상황이 벌어지는 과정은 누구나 자신의 이야기로 느낄 만큼 대단히 리얼하다. 이것이 이 드라마의 묘한 매력이며 많은 사람이 열광하는 이유일 듯하다. 이해타산에 휘둘리며 고단해진 삶, 배제 위협에 시달리며 지친 삶에 우정과 환대라는 큰 위안을 준다면 신파인들 무슨 상관이겠는가.

이진경은 공동체를 "다양한 차이들, 여러 특이점이 소통하며 공통된 것을 생산하는 곳"이라고 규정하며 동일성 안에서는 오히려 소통이 불가능하고 차이들만 소통할 수 있다고 부연했다. 이렇게 보면 동일성을 강요하고 차이를 부정하는 삼안 E&C는, 특히 대표이사 도준영을 중심으로 하는 패거리는 거짓 공동체다. "사람을 알아버리면 그 사람이 무슨 일을 해도 상관없어"라고 말하는 박동훈이 속한, 작은 인연도 소중히 여기고 차이를 존중하며 환대하는 후계동이야말로 모두의 꿈이 담긴 진정한 공동체다. 후계동 같은 마을 공동체는 중장년층에게는 어린 시절 기억 속에, 젊은 층에게는 한 번도 경험해본 적은 없지만 소망의 영역에 늘 존재하고 있다. 이 드라마는 그 원형의 심성을 소환하며 삶의 의미를 묻고 있다.

『오래된 미래』와 '우정과 환대의 공동체'

나는 후계동이라는 마을을 보며 헬레나 노르베리 호지 여사가 『오래된 미래』에서 소개한 라다크를 떠올렸다. 라다크는 중국과 파키스탄과 티베트 접경의 인도 통치지역으로, 본격적인 개발이 시작되는 1970년대 초까지는 전통사회의 모습이 고스란히 남아 있던 곳이다.

『오래된 미래』에서 소개하는 라다크의 원래 모습을 살펴보자. 라다크는 공존의 지혜가 살아 있는 곳이다. 사람들은 이웃들과 좋은 관계를 유지하는 것이 돈을 버는 일보다 중요하다고 여긴다. 배려와 관용이 일상화되어 있고, 간혹 갈등이 생겨도 늘 자발적 중재자가 나타나 갈등을 조정한다. 마을마다 모임이 활성화되어 있어 대소사를 다 함께 모여 상의하고 결정한다. 개인의 이익과 공동체 전체의 이익이 상충하는 일은 거의 없다. 사안별로 품앗이 공동체가 늘 작동한다. 출산·결혼·장례 시 서로 도와주는 '파수푼', 농사일을 서로 돕는 '베스', 가축을 공동으로 돌보는 '라레스', 농기구나 가축을 공동으로 활용하는 '랑제' 등이 바로 품앗이 공동체들이다. 아이들에게는 모든 마을 사람들이 한정 없고 조건 없는 사랑을 베푼다. 젊은이들은 노인들의 경험과 경륜을 존중하고, 여성의 사회적 지위도 확고하다.

라다크 사람들은 자기 자신보다 훨씬 더 거대한 그 무엇인가의 한 부분이라고 생각한다. 그래서 자신은 타인과 분리될 수 없는 연

헬레나 노르베리 호지
Helena Norberg-Hodge

결 속에 존재한다고 믿는다. 사람 간에 긴밀한 유대가 형성되어 있어 고도로 상호의존적이다. 이런 풍요로운 구조 속에서 개인은 자신이 진정으로 자유롭고 독립적인 존재라고 믿는다. 구성원 사이의 돈독한 유대는 내면의 평화로움과 기쁨이 넘치는 삶의 태도로 이어진다. 그래서 늘 행복감과 생동감 그리고 활기가 넘치는 곳이다. 그때까지 라다크의 모습은 바로 〈나의 아저씨〉의 후계동을 닮은 '우정과 환대의 공동체'다.

1974년 인도 정부가 라다크를 관광지로 개방하면서 서구식 개발이 추진되었다. 본격적으로 시작된 근대화는 많은 변화를 가져왔다. 교통정체와 대기오염이 만연해졌다. 인구가 크게 늘고 농촌 인구의 도시 유입도 가속화되었다. 영화나 텔레비전을 통해 화려한 서구문화가 들어오면서 젊은이들은 고유문화에 대해 열등의식을 느끼게 되었고, 어린이들은 자신들이 사는 문화와 자연을 분리해서 생각하기 시작했다. 화폐경제가 활성화되면서 사람들은 땅을 교환가치로 바라보게 되었고, 농부들은 갈수록 이윤 창출에 대한 압박을 받았다. 돈독했던 사람들 사이에 생긴 틈이 점점 벌어졌고, 소비상품이 문명화의 척도가 되었으며, 현대식 생활시설이 높은 신분의 상징이 되었다. 보편화된 소비지상주의는 정서적 불안감을 야기했다. 이 불안감은 다시 인정받고 사랑받기 위한 욕구로 작용해 더 많은 소비를 부추겼다. 강요된 서구의 표준 이미지는 고유문화와 정체성의 뿌리를 부정하게 만들었다. 개발 이후 이러한 라다크의 모습은 〈나의 아저씨〉의 삼안 E&C를 닮은 '이익과 배제의 공동체'다.

1980년 헬레나 노르베리 호지 여사는 '라다크 프로젝트'라는 국제기구를 만들어 개발 이전의 라다크를 복원하는 사업을 펼쳤다. 서구적 경제개발 모델은 현실 문제를 해결하는 대안이 되지 못할 뿐만 아니라 문화와 정서 그리고 환경적 측면 모두에서 지속성을 갖지 못한다는 신념이 있었기 때문이다. 호지 여사는 전통과 개발의 공존을 통해 "나는 라다크 사람들이 수 세기 동안 영위해온 사회적, 생태학적 균형을 희생하지 않고서도 그들의 삶의 수준을 끌어올릴 수 있다는 것을 확신한다"라고 말한다. 그녀는 이를 '탈중심화 개발'이라고 부른다. 호지 여사는 이 경험을 바탕으로 지역에 기반을 둔 생태적 개발 모델을 확산하는 운동을 펼치고 있다.

우리는 편안함에 이르렀을까?

근대는 무한한 성장을 통한 행복을 약속하면서 풍요와 편리함을 안겨주는 대신, 모든 관계를 교환가치로 바라보게 하면서 우정과 환대에 담긴 상징가치들을 빼앗아갔다. 〈나의 아저씨〉는 많은 사람의 가슴 깊숙이 도사리고 있는 그 상징가치들을 소환하는 드라마였고, 『오래된 미래』에서 호지 여사가 추진한 '라다크 프로젝트'는 무분별한 개발로 훼손된 그 상징가치들을 복원하는 작업이었다.

　〈나의 아저씨〉는 박동훈과 이지안이 우연히 만나 안부를 확인하고 헤어지는 것으로 대미를 장식한다. 두 사람이 마음속으로 나눈 마지막 대화가 아직 내 귓전을 맴돈다. 박동훈은 지안至安이라는 이름의 한자 뜻을 생각하며 "지안, 편안함에 이르렀나?"라고 묻고, 지안은 "네, 네……"라고 대답한다. 그런데 우리의 공동체는 어떨까? 갈수록 심해지는 불평등과 여전히 살아 있는 특권세력, 만연한 소비주의와 법 지상주의로 아직 편안함에 이르지 못한 듯하다.

바람이여
안개를 걷어가다오

북한강은 저물어가고 있었다. 어둠을 머금은 물안개가 산허리를 낮게 두르다가 점점 사라져갔다. 나는 남이섬에 들어가 정태춘의 〈북한강에서〉를 들으며 강변을 거닐었다. 한번쯤 꼭 이렇게 하고 싶었다. 이 노래를 들을 때마다 품었던 소망을 비로소 이룬 것이다. 물론 노래처럼 새벽 강이 아니고 저녁 강이라 못내 아쉬웠지만.

북한강에서, 시원의 시공간을 발견하다

정태춘에게 시간과 공간은 늘 붙어 있다. 이는 "흘러가도 또 오는 시간과 언제나 새로운 강물에 발을 담그면"과 "과거로 되돌아가

듯 거슬러 올라가면 거기 처음처럼 신선한 새벽이 있소"라는 표현
에서 확인된다. 강물은 시간과 함께 흐른다. 강을 따라 거슬러 올
라가면 거기에는 상류의 청정한 강물도 있고 때 묻지 않은 과거의
시간도 있다. 그에게 한강의 상류로 공간을 거슬러 올라가는 행위
와 과거를 향해 시간을 거슬러 올라가는 행위는 일치한다. 그래서
한강의 상류인 북한강으로 간다는 것은, 자신이 꿈꾸는 시원始原
의 시공간으로 간다는 뜻이기도 하다. '새벽'은 바로 그 시원의 시
간이고 '북한강'은 바로 그 시원의 공간이다.

　새벽의 북한강은 밤새 머리를 짓누른 먹구름을 씻어주는 곳, 산
과 산들이 나무와 새들이 얘기하는 신비한 소리를 들려주는 곳, 처
음처럼 신선한 새벽이 있는 곳이다. 정태춘은 자신이 꿈꾸는 이상
적인 시간과 공간을 그렇게 표현했다. 이는 문명이라는 이름으로
훼손된 공동체의 원형이 보존된 유토피아이기도 하고 자연과 인
간이 순수하게 어우러진 에덴동산이기도 할 것이다.

　그는 과거로, 새벽으로, 강의 상류로, 즉 시원의 공간과 시간으
로 거슬러 올라갈수록 새롭다고 했다. 이는 자본주의적 시간에 대
한 근본적인 부정이자 저항이다. 자본주의는 단 1초라도 지나간
시간은 낡았다며 폐기처분하고, 현재는 늘 결핍되고 부족한 장소
로 깎아내린다. 그 대신 미래에는 모든 게 더 새롭고 풍요로운 세
상이 올 거라고, 그런 세상에 살려면 새로운 상품을 늘 소비해야
한다고, 그래야 행복할 거라고 유혹한다. "자본주의적 시간관은
항상 지금 여기가 아닌 미래에 대해서 이야기합니다. 그것은 지금

은 하지 말라는, '가만히 있으라'는 시간의 이데올로기와 같은 것입니다." 재야 철학자 김진영의 말이다.

정태춘과 베냐민, 과거에서 미래를 찾다

정태춘의 시간관은, 희망은 과거에서 온다고 한 독일 출신의 미학자 발터 베냐민Walter Benjamin의 역사관을 닮았다. 빼앗긴 전통을 미래의 시공간에서 실현해야 한다고 말한 베냐민처럼 정태춘은 새벽 북한강이 거슬러 올라간 과거인 동시에 우리가 꿈꾸어야 할 미래라고 노래한다.

베냐민은 「역사의 개념에 대하여」에서 이렇게 말한다. "과거는 구원을 기다리는 어떤 은밀한 목록을 안에 간직하고 있다. 이는 과거의 인간들과 오늘의 우리들 사이에는 비밀스러운 묵계가 이루어져 있음을 말한다. 때문에 과거는 우리에게 구원의 힘을 요청할 권리가 있고, 우리에게는 이 요청을 실현시킬 메시아적 힘이 주어져 있다." 또 이렇게도 말한다. "과거의 이미지를 포착한다는 건 위기의 순간에 섬광처럼 스쳐 지나가는 기억의 이미지를 꼭 붙잡는 일이다. 이는 지배 계급의 도구가 되어버린 전통으로부터 새로운 전통을 빼앗아내는 일이다."

정태춘과 베냐민은 많은 점에서 다르지만 또한 많은 점에서 닮았다. 베냐민은 자신의 고향 베를린을 떠나 초창기 자본주의의 흔

정태춘
鄭泰春

적을 찾아서 19세기 자본주의의 수도 파리를 찾아갔지만, 정태춘
은 자신의 고향 평택을 떠나 자본주의 시스템 속에서 음악 활동
을 해보려고 한국 자본주의의 수도 서울을 찾아갔다. 베냐민의 파
리는 과거의 흔적이 남아 있는 공간이었지만, 정태춘의 서울은 과
거를 상실한 공간이었다. 그래서 서울은 여전히 낯선 이름이고,
1,000만 명의 욕망이 우글거리는 서울의 거리는 아직 텅 빈 곳일
뿐이었다. 그래서 그는 탈출을 꿈꾸었다.

　베냐민은 파리의 과거 흔적에서 미래의 희망을 찾으려 했지만,
정태춘은 새벽의 북한강에서 그것을 찾으려 했다. 베냐민은 나치
에 쫓겨 파리를 탈출해 미국으로 가려다 끝내 자살했지만, 정태춘
은 새벽의 북한강에 잠시 머물다가 다시 서울 종로로, 광주로, 정

동진으로, 그리고 고향인 평택으로 오랫동안 떠돌았다. 하지만 그런 차이가 있음에도 이윤과 유용성과 욕망을 극대화하는 산업사회와 그 문명을 거부하고 과거에서 미래의 희망을 찾는다는 점에서 정태춘과 베냐민은 수십 년의 시간을 두고 만난다.

진보적 낭만주의자, 정태춘

정태춘은 그렇게 새벽의 북한강, 곧 시원의 시공간에 잠시나마 정착했다. 〈떠나가는 배〉에서, 〈들 가운데서〉, 〈첫차를 기다리며〉, "일몰의 고갯길을 넘어가며"(〈시인의 마을〉 가사 중 일부), 아직 이르지 못한 이상향을 동경하기만 했던 초기의 다른 노래들에 비해 진전된 성취라고 할 수도 있다. 하지만 새벽의 북한강은 어차피 상징의 시공간일 뿐이다. 현실의 시공간에는 여전히 안개가 자욱이 끼어 있었다. 그는 그 뒤에도, 가령 〈92년 장마 종로에서〉라는 노래에서처럼 웬디스 햄버거 간판이 달린 서울 종로에서 장맛비를 맞고 서 있어야 했고, 훨훨 날아오르는 비둘기에 또다시 희망을 걸어야 했다. 그러다가 〈아치의 노래〉에서처럼 새장 주위로만 뱅뱅 돌 뿐인 자신의 처지를 자조自嘲하기도 했다. 절망과 희망의 끝없는 순환, 떠나고 돌아오고 기다리는 일의 무한반복, 이는 현실의 절망을 상징의 희망으로 제시할 수밖에 없는 아티스트의 운명인지도 모른다.

정태춘이 노래를 통해 광주 민주화운동이나 빈민 문제 등 매우

발터 베냐민
Walter Benjamin

현실적인 발언을 한 것은 사실이다. 하지만 그는 단순히 부정한 정
치권력이나 현재의 경제적 모순을 지적하는 일을 넘어 자본주의 체
제 혹은 자본주의가 낳은 산업 문명 자체를 비판해왔다는 사실을
기억할 필요가 있다. 그런 점에서 그는 1980년대 운동권 출신 노
래운동가들, 예컨대 안치환이나 '노래를 찾는 사람들'과는 결이
사뭇 다르다. 그들은 민주화 이후에는 동력을 잃고 해체되었거나
방향을 바꿀 수밖에 없었지만, 정태춘은 데뷔 초부터 꾸준히 문명
비판적인 메시지를 노래에 담아왔다.

자본주의에 비판적이라고 해서 그를 마르크스주의자나 좌파
로 분류해서는 곤란하다. 그의 음악 세계를 다룬 다큐멘터리 영화
〈아치의 노래, 정태춘〉에서도 스스로 말했듯이, 그는 과거에서 이

상향을 찾는다는 점에서 오히려 복고주의자나 낭만주의자에 가깝다. 하지만 현재의 자본주의 문명을 극복하려 한다는 점에서는 진보주의자임이 분명하다. 좀 엉뚱한 표현이지만 그를 '복고적 진보주의자'나 '진보적 낭만주의자'라 부르면 어떨까 싶다.

(많은 사람은) 산업주의와 시스템, 정치, 역사에 관한 이야기는 이제 그만해야겠다고 생각합니다. 그런데 과연 그럴 수 있을까? 내 작품들은 나와 세상과의 불화에서 나온 것이죠. 이 행성에서 이루어진 인간 문명의 정당성에 저는 동의하지 않습니다. (중략) 과거 군부가 쥐고 있던 권력이 민주화를 거치면서 시민에게 넘어온 게 아니라 시장 손에 들어가 버렸어요. 생산성에 따라 사람을 배치하고, 누구 하나 거기서 빠져나갈 수가 없는 게 지금의 현실이죠."(『한겨레』 2019년 4월 21일자 인터뷰 중에서 인용. 발언의 의도를 선명히 하기 위해 필자가 일부 내용을 수정했다.)

이처럼 그는 자본주의와 산업 문명을 강하게 부정한다. 하지만 부정의 현실적 동력을 확보하지도 못했고, 추구하고 싶은 구체적 대안을 마련하지도 못했다. 물론 이는 예술의 영역이 아니라 정치와 투쟁, 혹은 학문의 영역이기에 아티스트인 그에게는 매우 힘겨운 과제일 수밖에 없다. 그래서 아티스트로서 자신을 상징하는 '아치'는 날지 못하고 그의 노래는 "새장 주위로만 뱅뱅 돌" 뿐이다. 뜻을 같이하고 싶은 "졸린 승객들"은 "모두 막차로 떠나"가고 말아서 "다시 첫차를 기다리며" 희망을 미룰 수밖에 없다. 결국 이런 무력감 탓에 10여 년간 창작 활동을 하지 못했을 것이다.

'북한강'은 과연 어디일까?

그가 동경한 시원의 시공간 '북한강'은 어디일까? 〈떠나가는 배〉에서 "가는 배여, 가는 배여, 그곳이 어드메뇨"라고 묻고 "바람에 돛을 맡겨" 간다고 한 것을 보면, 그 자신도 잘 알고 있는 것 같지는 않다. 다른 노래에서도 '시인의 마을', '무욕의 땅', '평화의 땅', '저 하늘 끝 가보고 싶은 땅'과 같이 대개는 추상적인 장소로 표현했을 뿐이다. 다만 〈북한강에서〉에 나오는, 강물에 발을 담그고 손을 적시고 얼굴을 씻고 신비한 소리를 듣는다는 표현, 그러면 안개가 걷힐 거라는 비유, 그리고 인터뷰의 발언 등을 통해 유추할 수는 있겠다.

그곳은 적어도 자본주의와 근대의 산업 문명이 지배하고 있는 곳은 아니다. 아마도 자본과 이윤의 논리가 없는 세상, 발전과 성장을 향해 달려가지 않는 세상, 욕망과 결핍의 악순환이 사라진 세상일 테다. 그렇다면 그곳은 필시 사람들이 서로를 존중하고, 사람과 자연이 어우러지고, 우정과 환대가 넘치는 따뜻한 공동체일 것이다. 그곳은 〈나의 아저씨〉에 나오는 후계동일 수도 있고, 호지 여사가 『오래된 미래』에서 소개한 라다크일 수도 있다.

한참 동안 이런저런 생각에 젖다가 나는 너무나 익숙한 도시 서울, 욕망으로 꽉 찬 그 거리를 향해 가속 페달을 밟았다. 달리는 차 안에서도 그리고 집에 도착한 후에도, 절망과 희망이 기묘하게 뒤섞인 정태춘의 목소리와 기타 반주를 타고 흐르는 〈북한강에서〉는 발터 베냐민의 우울한 얼굴과 함께 오랫동안 귓가와 눈가에 맴돌았다.

저 어두운 밤하늘에 가득 덮인 먹구름이
밤새 당신 머리를 짓누르고 간 아침
나는 여기 멀리 해가 뜨는 새벽 강에 홀로 나와
그 찬물에 얼굴을 씻고
서울이라는 아주 낯선 이름과 또 당신 이름과
그 텅 빈 거리를 생각하오
강가에는 안개가 안개가 가득 피어나오

짙은 안개 속으로 새벽 강은 흐르고
나는 그 강물에 여윈 내 손을 담그고
산과 산들이 얘기하는 나무와 새들이 얘기하는
그 신비한 소리를 들으려 했소
강물 속으로는 또 강물이 흐르고
내 맘속엔 또 내가 서로 부딪히며 흘러가고
강가에는 안개가 안개가 또 가득 흘러가오

아주 우울한 나날들이 우리 곁에 오래 머물 때

우리 이젠 새벽 강을 보러 떠나요

과거로 되돌아가듯 거슬러 올라가면

거기 처음처럼 신선한 새벽이 있소

흘러가도 또 오는 시간과

언제나 새로운 그 강물에 발을 담그면

강가에는 안개가 안개가 천천히 걷힐 거요

정태춘의 〈북한강에서〉 가사 전문

공동체주의를
넘어서

우리나라의 3대 마피아가 '고려대
학교 교우회', '해병대전우회', '호남향우회'라는 이야기는 너무나
잘 알려져 있다. 이들을 묶어서 만든 "호남에서 태어나 해병대를
다녀와 고려대를 졸업하면 어딜 가도 굶어 죽지 않을 것"이라는
말도 이제는 식상한 농담이 되었다.

이들보다 훨씬 더 강력한 마피아는 따로 있다. 재경부 관료들을
일컫는 모피아, 해경 출신 인사들로 구성된 해피아, 군의 고위 간
부로 이루어진 군피아, 원전과 관련된 이익집단인 원전마피아, 검
사 출신 대통령이 등장한 이후에 더욱 주목받는 검피아 등 '관피
아'가 바로 그들이다. 국가의 공적 시스템을 사유화해서 자신들의
이익을 지키고 확장할 수 있는 집단인 관피아에 비하면, 전통적인
3대 마피아는 동네 양아치밖에 안 된다. 관피아에 속하면 굶어 죽

지 않을 정도가 아니라 '50억 클럽'에서 보듯 팔자를 고칠 만큼 크게 한몫 챙기기도 한다. 이들 집단에 범죄조직인 '마피아'에서 따온 접미사를 붙이는 것은, 이들이 때로는 불법행위도 마다하지 않고 강한 결속력을 바탕으로 대단히 배타적이고 편협하게 자신들만의 이익을 추구하는 집단이라는 데 대한 조롱이자 야유일 것이다.

우리 사회는 얼마나 더 정의로워졌을까?

이들 집단도 일종의 공동체다. 공동체에는 따뜻하고 인간적인 이미지도 있지만, 이들 집단이 잘 보여주듯 배타적이고 편협한 이미지도 있다. '공동체주의'란 공동체가 지닌 이러한 장단점들이 모두 담겨 있는 가치이자 이념이다. 이 '공동체주의'를 비판적으로 계승하려는 인물이 바로 하버드대학의 정치철학자 마이클 샌델 교수이고, 이러한 그의 노력이 잘 담겨 있는 책이 바로『정의란 무엇인가』다. 흔히들 오해하듯이 이 책은 단순히 정의에 관한 여러 견해를 나열한 책이 아니다. 이제부터 자세히 살펴보겠지만, 전통적인 공동체주의를 비판적으로 극복한 '자유적 공동체주의'가 이 시대의 정의론으로 왜 적합한지를 설득력 있게 논증하는 책이다.

샌델의『정의란 무엇인가』는 우리나라에서 200만 부가 넘게 팔린 대형 밀리언셀러다. 영미권에서는 10만 부 정도밖에 팔리지 않았다는 그 책이 우리나라에서 그렇게 대박을 터뜨린 이유로는 흔히 불평등에 관한 한국인의 드높은 관심과 정의에 대한 간절한 요구가 꼽힌다. 그런데 밀리언셀러가 된 이유보다 더 중요한 점은 그 책의 효과다. 다시 말해 그렇게 많이 팔린 그 책이 우리 사회에 과연 어떤 긍정적인 영향을 미쳤는가 하는 점이다. 예컨대 유홍준의 『나의 문화유산 답사기』 시리즈(1993년 1권 출간)는 때마침 맞이한 마이카시대 바람을 타고 전국에 답사여행의 붐을 일으켰고, 김정현의 장편소설 『아버지』(1996)는 많은 국민에게 가족의 보이지 않는 사랑과 헌신을 돌아보게 하는 계기를 마련했다. 그렇다면 과연 『정의란 무엇인가』는 우리 사회가 이전보다 더 정의로워지는 데 얼마나 기여했을까?

때로 이 책은 사두기만 하고 읽지는 않은 대표적인 사례로 거론되기도 하지만, 설사 책을 산 200만 명 중 절반, 아니 4분의 1만 읽었다고 해도 엄청난 숫자다. 의사가 주된 독자인 『청년의사』라는 전문지에서 2011년 실시한 간이 조사에 따르면, 의사 네 명 중 한 명꼴로 이 책을 사거나 읽었다고 한다. 2019년 한 방송 프로그램에서는 판사들이 판결할 때 이 책이 가장 큰 영향을 주었다는 설문조사 결과가 소개되기도 했다. 그렇다면 얼핏 생각하기로, 이 책의 한국어판이 나온 2010년 이후에 우리는 이전보다 훨씬 더 정의로운 사회에 살고 있어야 이치에 맞다.

하지만 이 책이 우리 사회가 정의로워지는 데 실제로 기여했는지는 의문이다. 이 책의 한국어판 서문에는 자기 나라를 불공정하다고 생각하는 국민의 비율이 미국은 38퍼센트인데, 우리나라는 무려 74퍼센트라는 통계가 나와 있다. 국제투명성기구가 매년 발표하는 우리나라의 2022년 부패인식지수CPI는 경제협력개발기구OECD 가입 38개국 중에서 22위로 여전히 중하위권을 벗어나지 못하고 있다. 빈부격차와 계층 간 갈등은 갈수록 심해지고, '50억 클럽'으로 상징되는 권력형 부정부패와 사회지도층의 부패 카르텔은 날로 지능화하고 있으며, '갑질'로 표현되는 권위주의적 태도도 사회 곳곳에 만연하고 있다. 물론 200만 부나 팔린 밀리언셀러가 나왔다고 해서 그 사회가 그 책이 주장하는 대로 바뀌어야 할 이유는 없다. 하지만 정의로워지기는커녕 오히려 정의의 반대편으로 역주행하는 듯한 이 현상을, 정의 관련 밀리언셀러 보유국의 '자랑스러운' 국민으로서 어떻게 이해해야 할까?

잘못 읽힌 밀리언셀러, 『정의란 무엇인가』

이 의문을 풀기 위해서는 먼저 이 책이 한국인들에게 어떻게 읽혔는지를 알아야 할 것 같았다. 특히 그 많은 독자가 '샌델표' 정의관을 어떻게 받아들였는지가 궁금했다. 그래서 나는 유튜브에 올라 있는 수많은 책 리뷰 영상 가운데 조회수가 가장 많은 두 개의 영상을 자세히 들여다보았다. 유튜브에서 『정의란 무엇인가』를 소개하는 영상 중 2023년 3월 말 현재 조회수 1위는 136만 회를 찍은 '설민석 영상'이고, 2위는 33만 회를 찍은 '김지윤 영상'이었다('이

지영official' 채널에 올라와 있는 조회수 110만 회짜리 영상도 있지만, 책 전체에 대한 리뷰가 아니라 '트롤리 딜레마'라는 하나의 사례만을 소개한 내용이라 제외했다). '설민석 영상'이란 역사 강사 설민석이 tvN의 책 소개 프로그램에 출연해서 이 책을 소개한 부분을 30분 정도로 편집한 콘텐츠를 말한다. '김지윤 영상'이란 정치학자 김지윤이 자신의 채널인 '김지윤의 지식 Play'에 올린 18분짜리 책 리뷰 콘텐츠를 말한다.

그런데 놀랍게도 이들 영상에는 샌델이 강조하는 '샌델표' 정의관이 언급조차 되지 않았다. '설민석 영상'의 경우, 기존의 여러 정의관을 단순히 나열하는 데 그쳤을 뿐만 아니라 샌델이 비판하는 기존의 공동체주의를 샌델의 정의관인 양 소개하는 한계를 보였다. '김지윤 영상'의 경우, 자유의 대립항으로 공동체를 소개하지만 이를 공리주의와 동일시하기도 하고 샌델이 비판하는 공리주의를 오히려 옹호하는 등 책을 충실히 소개하기보다 자신이 기존에 알고 있는 지식체계에 책 내용을 꿰어 맞춘다는 느낌이 강했다. 내가 보기에 이들은 부분적으로 책 내용을 쉽고 재미있게 설명한 공도 있으나 전체적으로는 책을 오독誤讀함으로써 독자 또는 시청자를 오도誤導하고 있었다. 가장 모범적이고 전문적인 독자일 것으로 기대했던 이들이 이렇다면 일반 독자들도 잘못 읽었을 가능성이 크다. 또한 이들의 소개 영상으로 책읽기를 갈음하려 한 사람들이 결과적으로 책을 잘못 이해했을 소지도 다분하다.

'자유적 공동체주의'를 훌륭하게 설득하는 책

『정의란 무엇인가』는 정의에 관한 여러 관점과 사상가들을 단순히 나열하고는 그중 하나의 관점과 사상가를 골라잡으라는 책이 아니다. 이 책을 그렇게 이해한다면 그야말로 얼토당토않은 일인데, 가장 조회수가 많은 두 개의 북 리뷰 영상에서 그런 끔찍한 일이 벌어진 것이다. 어쩌면 인터넷 서점에 올라 있는 출판사 제공 책 소개문 탓에 그런 오해가 생겼을지도 모른다. 그 소개문은 이렇게 되어 있다.

> 저자는 이 책에 '정의'에 대한 확고한 답을 내리지는 않는다. 외려, 책을 읽는 독자들도 위대한 사상가들과 어깨를 나란히 하며 자신의 논리를 펼쳐나갈 수 있음을 보여줌으로써, 독자들로 하여금 정의에 대한 자신의 견해를 수정하고 바로잡는 기회를 만나는 획기적인 프레임을 선사하고, 나아가 그들 자신이 '무엇을', '왜' 그렇게 생각하는지 알도록 한다.

"확고한 답을 내리지는 않는다"라는 표현부터 오해를 사기에 충분하다. 혹시 사람들은 이 소개문을 접하며, 정의에는 답이 없고 다만 여러 사상가의 정의관 중 하나를 선택하면 된다고 생각하지는 않았을까? 어느 정도까지 확고해야 '확고하다'라고 말할 수 있는지는 몰라도, 실은 샌델이 이 책에서 '답을 내리는' 정의관은 분명히 있다. 그것은 바로 '자유적 공동체주의'다. '샌델표' 정의관은 바로 이를 두고 하는 말이다.『정의란 무엇인가』는 여러 개념과 사상가, 다양한 사례가 치밀한 계산에 따라 배치되어 마이클 샌델이 오랫동안 갈고 다듬어온 '자유적 공동체주의'라는 정의관의 타당성을 훌륭하게 설득하고 있는 책이다.

전체적으로 이 책은 역사상 중요한 정의관들을 하나씩 점검하면서 가장 올바른 정의관을 찾아가는 여정을 보여준다. 먼저 하나의 사례를 통해 복지·자유·미덕이라는 세 가지 키워드를 뽑아낸 다음, 그들을 각각 공리주의·자유주의(그리고 자유지상주의)·공동체주의의 관점에서 설명한다. 다음으로 최대다수의 최대행복을 추구하는 벤담의 공리주의와 개인적 선택의 자유를 중시하는 칸트와 롤스의 평등주의적 자유주의(그리고 노직의 자유지상주의)의 특징과 한계를 지적한다. 다음으로 시대를 거슬러 올라가 아리스토텔레스를 소환해 시민의 덕성과 공동선을 중심에 두는 정의관을 소개하면서 공동체의 중요성을 일깨운다. 그리고 나서 '서사적 자아'와 '연대의 의무'라는 개념을 빌려 자유주의와 공동체주의의 한계를 극복한 '자유적 공동체주의'라는 새로운 정의관을 제시한다. 그리고 마지막으로 이 새로운 정의관에 입각해서 공동선을 추구하는 새로운 정치의 모습을 제안한다. 요약하면 1장에서 8장까지는 기존의 몇 가지 중요한 정의관들을 하나씩 등장시켜 한계를 지적한 다음, 마지막 두 개의 장(9장과 10장)에서 새로운 정의관을 설득력 있게 강조하며 마무리한다. 이렇듯 이 책은 열 개의 장이 긴밀하게 연결되며 '자유적 공동체주의'라는 정점을 향해 꼬리에 꼬리를 물고 달려가도록 치밀하게 구성된 책이다.

그렇다면 '샌델표' 정의관인 '자유적 공동체주의'란 무엇인가? 우선 간단히 줄이면 자유주의와 공동체주의의 장점만을 살려 융합한 관점이다. 이는 샌델의 다음 진술에서 그 취지를 확인할 수 있다.

공동체의 도덕적 중요성을 인정하면서 동시에 인간의 자유를 인정하는 것이 어떻게 가능하단 말일까? 만약 인간이 자발적 존재라는 관념이 약한 것이라면(만약 우리의 모든 의무가 우리 의지의 산물이 아니라면), 어떻게 우리를 소속된 존재이자 자유로운 자아로 볼 수 있겠는가?

자유주의적 사고에 따르면, 의무는 오로지 두 가지, 인간이기에 생기는 자연적 의무와 합의에서 생기는 자발적 의무뿐이다. 그러면 우리는 어느 수준까지는 모든 사람의 존엄성을 존중해야 하지만, 그 이상으로는 우리가 약속한 것만 지키면 된다. 자유주의 사상가 롤스에 따르면, 일반 시민은 부당한 행위를 저지르지 않는다는 보편적이고 자연적인 의무 외에는 동료 시민에게 특별히 다른 의무를 지지 않는다.

자유주의의 반대편에 공동체주의가 있다. 『정의란 무엇인가』에 「공동체의 사람들을 위한 정의의 길」이라는 해제를 쓰고 샌델표 정의관에 '자유적 공동체주의'라는 용어를 찾아준 철학자 김선욱 교수의 설명에 따르면, 공동체주의는 공동체의 연대성, 민족성, 언어, 정체성, 문화, 종교, 역사, 생활방식 등이 최고의 가치를 가진다고 보는 관점을 말한다(그리고 공동체란 시민권, 계급, 인종적 혈통, 문화적 정체성 등을 중심으로 연대를 이룬 집단을 말한다). 한마디로 자신이 속한 공동체가 정한 가치를 절대시하는 사고방식이다. 샌델은 공동체주의가 공동체 구성원들이 덕성을 기르고 공동선을 추구하는 등의 장점도 있지만, 특정 공동체가 규정하는 것은 무엇이든 정의가 될 수 있다고 생각하는 탓에 보편적 인권을 부정하는 억압적인 이념이 될 수 있다고 비판한다. 김선욱 교수도 공동체주의가 자칫 파시즘·인종주의·전체주의로 나아갈 수 있다는 점을 우려한다.

'서사적 인간'과 '연대 의무'로 공동체주의의 한계를 넘다

앞의 인용문에 나와 있듯이, 샌델의 자유적 공동체주의는 "공동체의 도덕적 중요성을 인정하면서 동시에 인간의 자유를 인정하는" 방안을 모색한 끝에 찾아낸 대안으로 보인다. 그는 이를 설득하기 위해 두 개의 개념을 동원한다. 하나는 '서사적 인간'이고, 다른 하나는 '연대 의무'다.

'서사적 인간'이라는 개념을 제안한 사람은 알래스데어 매킨타이어라는 영국의 철학자다. 샌델이 소개하는 그의 생각을 살펴보자.

알래스데어 매킨타이어
Alasdair MacIntyre

우리는 누구나 특정한 사회의 정체성을 지닌 자로서 우리를 둘러싼 환경을 이해한다. 나는 누군가의 아들이거나 딸, 또는 사촌이거나 삼촌이다. 나는 이런저런 도시의 시민이며, 이런저런 조합 또는 전문가 집단의 일원이다. 나는 이런저런 친족, 부족, 나라에 속한다. 그러므로 내게 좋은 것은 소속 집단 사람에게도 좋아야 한다. 이처럼 나는 내 가족, 내 도시, 내 친족, 내 나라의 과거로부터 다양한 빚, 유산, 정당한 기대와 의무를 물려받는다. 이런 것들이 내 삶의 기정사실을 구성하며 내 도덕의 출발점이다. 또한 이는 부분적으로 내 삶에 도덕적 특수성을 부여하는 것이다.

인간은 이야기하는 존재이며, 삶은 어떤 통합이나 일관성을 염

원하는 서사적 탐색을 해나가는 과정이라는 것이다. 누구든 개인으로서만 결코 선을 추구하거나 미덕을 실천할 수 없다는 전제 아래, 도덕적 사유의 서사적 측면은 우리가 전체에 속하는 구성원이라는 사실과 밀접하게 연관되어 있다고 본다. 샌델은 이 견해를 전적으로 받아들인다.

그는 '연대 의무'라는 또 하나의 개념을 등장시킨다. 연대 의무는 서사적 인간과 밀접한 관계가 있는 것으로, 내 삶의 이야기는 다른 사람들의 이야기와 밀접하게 결부된다는 인식에서 나온 개념이다. 그는 어느 나라든 애국심을 강조하고, 지나친 이민 유입을 제한하고, 외국에서 테러가 발생했을 때 자국인만을 구출할 수 있는 이유는 연대 의무를 인정하기 때문이라고 말한다. 이는 대한민국이 강점기에 행한 일본의 범죄행위에 대해 사과와 배상을 요구할 근거이기도 할 것이다.

샌델은 특히 연대 의무를 통해 기존의 공동체주의가 지닌 한계를 넘어설 수 있다고 강조한다. 연대 의무는 내부만이 아니라 외부로도 향한다면서 "내 나라가 저지른 과거의 잘못을 배상하는 일은 내 나라에 충성을 맹세하는 하나의 방법이다"라고 밝힌다. 연대 의무를 지게 되면 우리가 속한 공동체에 대해 자부심과 함께 수치심도 느낄 수 있으며 책임감을 동반한다고도 말한다. 기존의 공동체주의가 지닌 배타성과 편협성, 집단 이기심은 자유적 공동체주의를 통해 극복될 수 있다고 그는 판단한다.

이 책은 정의와 권리를 말할 때 자유주의에서 주장하는 대로 "도덕적·종교적 신념을 배제한 채 중립적인 위치에 서는 일이 가능할까"라는 질문에 대답하는 것으로 마무리된다. 이 질문에 대한 샌델의 대답은 "아니다"이다. 그 대답의 핵심에 자리 잡은 키워드가 바로 '공동선'이다. 그는 공리주의와 자유주의/자유지상주의의 한계를 지적하고 정의에는 좋은 삶에 대한 판단이 개입할 수밖에 없음을 거듭 강조하면서 책을 마무리한다.

> 정의로운 사회는 단순히 공리를 극대화하거나 선택의 자유를 확보하는 것만으로는 이룰 수 없다. 정의로운 사회를 만들기 위해서는 좋은 삶의 의미를 함께 고민하고, 그 과정에서 생길 수밖에 없는 이견을 기꺼이 수용하는 문화를 만들어야 한다. (중략) 정의에는 어쩔 수 없이 판단이 개입된다. (중략) 정의는 영광과 미덕, 자부심과 인정에 관해 경쟁하는 여러 개념과 관련되어 있다. 정의는 올바른 분배의 문제일 뿐만 아니라, 올바른 가치 측정의 문제이기도 하다.

샌델표 정의관에 이르지 못한 독자들

이 책을 구매한 200만 명 중 상당수는 샌델의 정의관인 자유적 공동체주의, 그리고 그가 특별히 강조한 공동선·시민의 덕성·자치·좋은 삶 등의 개념에 이르지 못한 것 같다. 책은 서가에 처박아 둔 채 '설민석 영상'이나 '김지윤 영상'으로 퉁 쳤거나, 설사 읽기 시작했더라도 샌델의 정의관이 집중적으로 담겨 있는 9장까지 가기 전에 책을 덮은 게 아닐까 싶다. 그래서 그들은 샌델이 비판하는 공리주의나 자유주의 또는 자유지상주의 정의관을 옳다구나 하고 받아들였는지도 모른다.

이렇게 보면 정의관을 선택하기에 따라서 이 사회를 정의롭다고 생각하는 사람도 있을 것 같다. 바꿔 말해서 공리주의나 자유주의 또는 자유지상주의를 신념으로 간직한 사람이라면 이 사회가 정의롭다고 생각할 수도 있지 않을까? 자유적 공동체주의를 지지하는 내가 보기에, 자신만이 옳다고 우기는 악다구니들과 상대방을 도륙해서라도 자신의 이익을 챙기는 망나니들과 엄청난 범죄를 저질러놓고도 입을 싹 씻는 철면피들이 갈수록 설치는 이 사회도, 그들 눈에는 엄연히 정의로운 사회로 보이지 않을까?

마지막으로, 이 책이 내 기대를 채워주지 못한 점을 한 가지만 지적한다. 샌델이 이 책에서 다룬 공동체는 주로 국가공동체거나 현실정치의 영향을 받는 공동체다. 그리고 그가 말하는 공동선共同善은 'common good'이 아니라 대체로 공공선公共善이라고 번역되는 'public good'에 가깝다. 따라서 이 책은 국가나 정치의 영향과 무관하게 시민들의 자치로 이루어지는 순수한 공동체나 그 시민들이 함께 만들어가는 글자 그대로의 공동선을 직접적으로 다루지는 않는다.

09

한국의 근대
낯설게 읽기

왜 사촌이 땅을 사면
배가 아플까

'괜찮아유'라는 인기 개그 코너가 있었다. 〈유머 일번지〉라는 KBS 코미디 프로그램의 한 코너로, 1991년 5월부터 10월까지 약 6개월간 방영되었다. 방영 기간은 짧았지만, 워낙 유머 코드가 독특해서 종영 이후에도 여러 번 리메이크되었으며 지금도 유튜브에서 높은 조회수를 기록하고 있다. 덕암리라는 농촌 마을이 배경이며, '양택이 아부지'(최양락 분) 부부와 '경애 아부지'(김학래 분) 부부가 주요 등장인물이다. 이들은 농사일도 서로 돕고 농기구도 나눠 쓰고 음식도 주고받으며, 그야말로 그 집 숟가락이 몇 개인지도 알 만큼 오랫동안 호형호제하며 한 가족처럼 지낸 사이다.

'괜찮아유'에 나타난 협력과 경쟁의 이중성

이처럼 그들은 오랫동안 협력자로 살아왔지만, 속으로는 서로를 경쟁의 대상으로 생각해서 늘 비교하고 질시한다. 이를테면 경애 아부지 부부는 양랙이 아부지 부부를 가난하고 게으른 날라리로 여기고, 양랙이 아부지 부부는 경애 아부지 부부를 좀 잘산다고 거들먹거리는 속물로 여기며 서로를 은근히 무시한다. 대체로 양랙이 아부지 부부는 알량한 도덕적 우위를 경쟁의 무기로 생각하고, 경애 아부지 부부는 어쭙잖은 경제적 우위를 경쟁의 무기로 생각한다.

그들은 이런 무기를 바탕으로, 함께 농사를 지으며 필연적으로 협력할 수밖에 없는 관계이면서도 늘 상대방을 자신과 비교하고 약점을 건드리며 면박을 준다. 그들은 이웃사촌이면서도 어느 한쪽이 땅을 사면 배가 아픈 관계임이 분명하다.

두 주인공의 다툼은 양랙이 아부지가 경애 아부지 부친의 친일 행위를 폭로하는 순간 파국으로 치닫는다. 양랙이 아부지가 모든 정황이 불리할 때 꺼내 드는 마지막 묘수가 바로 그 친일 카드다. "모두가 어려울 때 경애 할아버지는 그래도 일본 순사 나까무라랑 허구한 날 붙어 다니면서……"라는 말을 시작으로 양랙이 아부지는 경애 할아버지의 여러 친일 행적을 늘어놓는다. 그러면 경애 아부지는 극도로 민감한 반응을 보이며 주먹다짐 직전까지 가는 것으로 이 코너는 대개 마무리된다. 사촌이 땅을 산 것만으로도 배가 아픈데, 부정한 권력자를 뒷배로 삼아 그 땅을 샀으니 배가 더 아프다는 게 양택이 아부지의 심정이다.

오랜 이웃으로 다져온 협력과 비교 대상이기에 품게 되는 질시, 그 두 가지 상반된 태도가 공존하면서 생기는 어긋남이 웃음을 유발하는 요인이다. 그 웃음은 여느 개그 프로그램에서는 경험하지 못한 매우 독특한 것이다. 당시 많은 한국인이 그 코너를 사랑한 이유는 이런 웃음 코드에 크게 공감했기 때문일 것이다.

인구의 90퍼센트 이상이 도시에 사는 지금도 이웃이든 동창이든 반 친구든, 가까운 그 누구라도 늘 협력의 대상이자 경쟁의 대상이기 십상이다. 그러니 보통의 한국인이면 그 구도에 자연스럽게 공감했을 것이다. '엄친아'(엄마 친구 아들)니 '엄친딸'(엄마 친구 딸)이니 '부친아'(부인 친구 아들)니 하는 용어들도 이런 비교와 질시의 문화에서 태어난 신조어다.

비교와 질시, 그 뿌리는 벼농사 문화

한국인에게 협력과 경쟁이 공존하는 문화는 언제부터 시작되었을까? 원래 우리 민족은 두레나 품앗이 같은 협력의 문화가 강했는데, 근대화가 이루어지고 압축적으로 성장하는 과정에서 치열한 경쟁이 나타났고, 이에 따라 비교와 질시의 문화가 만연했다고 보기도 한다.

하지만 사회학자 이철승 교수는 『쌀, 재난, 국가』에서 이런 문화는 벼농사 문화권에 속한 한국인의 오랜 속성이라고 말한다. 이 교수에 따르면, 전근대 농경시대의 이 같은 경험과 습속은 산업화 과정에서 공장과 사무실로 이전되어 효율적인 산업화를 추진할 수 있었다고 한다. 이 교수는 동아시아 문명과 서구 문명의 차이가 벼농사와 밀농사의 차이에서 비롯된다는 대전제 아래 우리 문화 속에 숨어 있는 불평등의 기원을 밝혀낸다.

먼저 이 책은 동아시아의 벼농사 문화권과 서구의 밀농사 문화권의 특징을 비교하는 데서 출발한다. 쌀은 완전식품으로 경작을 위해 협업이 필요한 작물인 데 반해, 밀은 불완전식품이며 경작 과정에서 협업이 필요 없는 작물이다. 밀은 불완전한 식품이므로 서구에서는 밀농사와 함께 목축업이 발달했고, 곡물과 유제품이 상품화되면서 상업과 교환경제가 발달했다. 이에 반해 쌀의 자기 완결성은 긴밀한 협력의 사회조직을 탄생시켰다.

벼농사 지대의 개인들은 가족 단위로 마을 공동체에 속해서 농사는 형제·친척·이웃과 함께 지었으나 결과물은 개인이 소유했다. 이러한 '공동노동-개별 소유' 시스템 속에서 경쟁과 비교의 문화가 생겨났고, 이와 함께 질시의 문화도 싹텄다고 이 교수는 분석한다. 또한 이 과정에서 기술의 표준화·평준화와 연공제年功制의 위계질서도 자연스럽게 생겨났다고 한다. 공동노동을 위해 집집마다 동일한 작업 과정이 필요한 한편, 이를 위해 연장자의 경험과 조율능력을 중시해야 했기 때문이다.

이 책의 핵심은 이처럼 벼농사의 특성에서 '공동생산-개별 소유'와 '협업-위계-경쟁'이라는 키워드를 끄집어낸 다음, '공동체적 유대감'과 '비교와 질시의 문화'의 공존이라는 이중적 심리구조를 밝혀내는 데 있다. 이를 파헤치는 과정은 마치 잘 만든 영화 한 편을 보는 듯 매우 드라마틱하다.

질시는 서구 사회보다 상대적으로 높은 불신으로 이어졌다고 한다. 이 교수는 "구조적으로 강제된 네트워크 안에서 경쟁과 질시의 문화가 격화되면서 신뢰 밑에 불신의 층이 한 겹 더 깔릴 수 있다"면서, "불신이 내재된 협업은 간섭과 상호감시, 의심이 일상화되는 피곤한 것일 가능성이 있다"라고 설명한다.

이러한 농경시대의 전통이 산업사회로 이전되었다는 해석은 매우 독창적이다. 어린 시절부터 농경시대의 전통을 보고 습득한 산업화 세대가 집단주의적 협업과 위계구조를 농촌에서 도시로 이식했다는 것이다. "동아시아 기업 조직은 이 업무와 공정의 표준화를 달성하는 공식/비공식적 노동의 연결망을, 서구의 기업 조직이 실현할 수 없을 만큼 극도로 촘촘하고 세밀하게 직조하여 외부의 수요와 공급의 변동에 일사불란하게 대처하는 '기민한 생산체계'를 만들어냈다. 이 기술 튜닝의 연결망이 동아시아 자본주의가 세계 시장에서 생존할 수 있는 경쟁력의 원천이었다."

나아가 이철승 교수는 이러한 벼농사 문화의 영향으로 동아시아 자본주의는 오랫동안 축적된 협업과 조율의 기술, 협업-관계 자본 덕에 급속한 경제발전을 이룰 수 있었다고 해석한다. 그런데 문제는 협업 과정에서 평등화 욕망이 커졌고, 이는 비교와 질시의 문화로 나타났으며, 상대적 불평등에 민감한 반응을 보이게 되었다는 점이라고 지적한다. 과거에는 사촌이 땅을 사면 배가 아팠지만, 지금은 옆집 아이가 상을 타면, 동창생 남편이 승진하면, 회사 동료가 고급 외제 차를 사면 배가 아픈 이유가 바로 그 때문이다.

동아시아의 벼농사 문화권 국가들이 복지국가에 소극적인 이유를 신자유주의의 시장 만능주의와 연결한 대목도 인상적이다. 동아시아 국가의 존재 이유는 '재난 대비와 구휼'에 그쳤는데, 이는 국가의 역할을 최소화해야 하므로 국가의 복지 역할에 부정적인 신자유주의 이념과 매우 흡사하다는 것이다. 저자는 이렇게 말한다. "국가는 생산에 대한 지원에 스스로의 역할을 한정하고 요역과 세금 부담을 덜어주어 농민의 생산 의욕을 돋우어야 한다는 동아시아 군주의 교시는 (중략) 신자유주의 시장 근본주의와 묘하게 맞아떨어졌다."

우리의 문제를 우리만의 개념으로 살핀 『쌀, 재난, 국가』

이 책은 결론적으로 벼농사 체제의 유산들 가운데 협업의 결과인 기술 튜닝(표준화·평준화)과 연공제를 현대 자본주의와 민주주의 제도에 맞게 재구성해야 한다고 강조한다. "어떻게 하면 청년세대의 민주적·수평적 조직문화에 대한 욕구, 개인의 능력과 노력에 대한 공정한 보상에의 욕구를 모두 만족시키면서, 벼농사 체제의 긍정적 유산인 '협업과 기예'를 보존할 수 있을까?" 저자는 우리 사회의 과제를 이렇게 말하지만, 아쉽게도 그에 대한 제도적 개선 방안을 구체적으로 제시하지는 않는다.

무리한 단정으로 보이는 대목도 몇 군데 눈에 띈다. 우리나라에서 2000년대를 전후로 무너져온 연공제에 지나친 비중을 두는 점, 밀농사 지역이 벼농사 지역에 비해 상대적으로 평등의식이 강하다고 일반화한 점, 세대 내 동질성을 전제로 세대 간 불평등 문제를 분석한 점 등이 특히 그렇다.

한국의 사회과학 분야 교수들이 한국 사회를 분석한 책이나 논문은 많다. 그런데 그 대다수는 서양학자의 이론을 소개하거나 서양에서 만들어진 개념과 방법론으로 우리의 현실을 분석한 글이기 십상이다. 우리 학문의 종속성을 말해주는 이런 풍토 속에서 『쌀, 재난, 국가』는 우리만의 문제의식·개념·방법론으로 우리의 문제를 살피고 있다는 점에서 단연 돋보인다.

이 책의 저자는 사회학자들의 우상인 막스 베버니 피에르 부르디외니 하는 이름을 전가의 보도처럼 휘두르지 않는다. 페르낭 브로델이니 비트포겔이니 하는 세계적인 역사학자의 권위 앞에 머리를 조아리지도 않는다. 저자의 이력을 보니 미국의 유명 대학에 재직하며 최우수 논문상을 받는 등 세계의 사회학자들과 논문으로 맞장 뜬 경력도 있다. 나는 책을 읽는 내내 한국인 사회학자로서 그의 당당함에 뜨겁게 박수를 보내고 싶었다.

내재적 발전론을 응원하며

한국 근대의 기원에 대한 논의는 크게 '내재적 발전론'과 '식민지 근대화론'으로 구분된다. '내재적 발전론'은 한국이 일제의 식민지가 되기 전에 이미 자주적 근대화가 이루어져가고 있었다는 이론이다. 우리 내부에 자본주의의 싹이 자라고 있었다는 '자본주의 맹아론'과도 연결되고, 일제가 그 싹을 잘라서 자신의 이익을 위해 수탈했다는 '수탈론'으로도 이어진다.

'식민지 근대화론'은 식민지 시기 일본 덕에 경제가 성장하고 근대화의 토대가 마련되었다는 이론이다. 근대가 외부에서 심어졌다는 점에서 '이식론'의 한 유형이기도 하다. '내재적 발전론'과 '식민지 근대화론' 간에 치열한 논쟁이 벌어지면서 '다중적 근대화론'과 같은 절충론이 등장하기도 했다.

나는 그 논쟁에 끼어들 능력도 생각도 없다. 다만 1960년대 이후 이루어진 근대화에는 우리 내부에서 우리 스스로 키우고 준비한 문화와 제도들이 있었기 때문이라고 생각한다. 그래서 일단 '내재적 발전론'을 응원한다. 근대화의 성격과 폐해에 관한 논란은 별도로 하더라도, 앞으로 '내재적 발전론'을 입증할 수 있는 실증적 논거들이 많아지기를 기대한다.

'리理'라는 이름의
절대반지

일본군 장교 출신으로 굴욕적인 한일협정을 맺기도 한 친일파 대통령은 왜 '민족중흥'이라는 기치를 들었을까? 민주주의를 외친 선량한 시민들을 무참히 학살한 대통령은 왜 '정의사회 구현'이라는 간판을 내걸었을까? '공정과 상식'을 심히 의심받는 대통령은 왜 그것을 정치 입문의 명분으로 내세웠을까? 『한국은 하나의 철학이다』에서는 그 이유를 '리 신앙'에서 찾는다. 세계를 완벽하게 설명할 수 있는 도덕 이념을 손에 넣기만 하면 권력과 부가 동시에 굴러 들어온다는 믿음이 바로 '리' 신앙이다. 이 책은 이처럼 조선조를 지배한 성리학의 핵심 개념인 리와 기氣로 근대의 한국인과 한국 사회를 해부하는 책이다. 해부하는 칼날의 서슬이 너무 시퍼레서 책을 넘기며 수시로 섬뜩섬뜩 놀라게 된다.

『한국은 하나의 철학이다』와 '리 신앙'

이 책의 저자는 대표적인 일본인 한국학자 오구라 기조 교토대 교수다. 이는 세계 3대 일본인론으로 평가받는 『축소지향의 일본인』의 저자가 한국의 지성 이어령이라는 사실을 떠올리게 한다. 『축소지향의 일본인』이 출간 당시 일본인들에게 심히 불편한 책이었듯, 『한국은 하나의 철학이다』도 한국인들에게 심히 불편한 책이다. 이따금 과장과 비약이 느껴져서도 불편하지만 이렇게 절묘한 해석을 외국인이, 그것도 일본인이 하고 있다는 사실 때문에도 불편하다. 『축소지향의 일본인』은 일본에서 출간 즉시 베스트셀러가 되었지만, 『한국은 하나의 철학이다』는 일본에서 출간 후 20년이 지난 다음에야 한국에서 출간되어 소박한 화제를 모았을 뿐이다 (1998년 일본에서 출간, 2017년 한국에서 번역 출간). 오구라 기조의 책이 한국에서 푸대접받았음은 분명해 보인다.

하지만 저자가 8년간 한국에 살면서 서울대 철학과에서 박사 과정까지 마친 한국통이라는 사실만으로도 그는 한국인과 한국 사회를 말할 자격이 있고, 우리는 그의 한국관을 들어볼 이유가 충분하다. 더구나 이기론理氣論이라는 한국적 사상체계를 통해 한국인의 인식구조를 밝혀내는 독창적인 방법론은, 한국 학자들의 허를 찔렀다고 해도 지나치지 않다. 정작 한국인 학자 중에는 서구의 이론과 개념이나 서구의 역사적 경험을 준거로 삼아 한국을 재단하는 논문을 쓰는 사람도 많지 않은가?

오구라 기조
小倉紀蔵

한국 사회는 도덕 쟁탈전을 벌이는 하나의 극장

이 책은 한국이 '도덕 지향적'인 국가라는 전제에서 시작한다. "한국인은 비뚤어진 것에는 올곧은 것으로 맞서고, 올곧은 것을 상대할 때는 올곧음을 겨룬다. 상대방보다 자신이 올곧으면 상대방의 정신적 주인이 되고, 그 반대의 경우에는 상대방에게 동화되려고 한다." 여기서 올곧음이란 도덕성을 말하고 그 도덕성이 바로 '리'다. 그런데 특이한 것은 도덕성의 최고 형태가 도덕과 권력과 부가 전부 구비된 상태라는 점이다. 이처럼 인간이 추구하는 모든 가치가 도덕이라는 이름 아래 다 모여 있는 탓에, 저자는 한국 사회가 도덕 쟁탈전을 벌이는 하나의 커다란 극장이라고 비유한다. 따라서 한국인은 타자를 빈번히 공격하고 타자의 공격에 매우 예민하게 대항한다. 공격도 단계적인데, 처음에는 기를 공격하고 그다음에는 리의 존재방식을 공격한다는 것이다. 이 도덕 쟁탈전은 지금 정치판에서 벌어지는 행태를 떠올려보면 너무나 잘 맞아떨어진다.

양반과 사대부와 선비의 구분도 흥미롭다. 저자의 규정에 따르면, 양반은 도덕과 권력과 부를 모두 소유한 자로서 신분이나 계급으로 고정된 특권층을, 사대부는 도덕과 권력을 소유한 자로서 관료이자 지식인을, 선비는 도덕만을 소유하고 학문의 세계에 침잠해 이상을 추구하는 자를 가리킨다. 물론 이런 개념 규정이 객관적으로 타당한지는 더 살펴봐야겠지만, 적어도 현상을 파악하기 위한 도구로서는 매우 유용해 보인다. 그는 이 개념을 바탕으로, 한국의 민주화운동과 반독재운동은 지식인과 학생들의 사대부 지향과 선비 지향이라는 두 측면의 산물이라고 해석한다. 민주주의라는 가치의 실현에도 성리학적 인식이 동원되었다는 해석이다.

리/기와 관련지어 '나'와 '님'과 '놈'을 해석하는 방식도 신선하다. 저자에 따르면, 한국 사회는 체현된 '리'의 많고 적음에 따라 구성원이 수직으로 서열화한 사회다. '님'은 나보다도 기가 맑아서 리를 많이 구현하고 있는 사람이고, '놈'은 '나'보다도 기가 탁해서 '리'를 적게 구현하고 있는 사람이다. '나'는 극기하여 기를 맑게 하면 '님'으로 상승할 수 있고, 반대로 극기하지 못하고 기가 탁하게 되면 '놈'으로 전락한다. 상승하든 전락하든 낙천적인 것이 그 특징이다. 이는 한국 사회의 역동성을 보여주는 또 하나의 측면이다.

또한 저자는 근대화·산업화 과정에서, 종래에는 천시된 활동에 도덕성(=리)을 부여하는 작업을 통해 상공업을 비롯한 경제 종사자들이 도덕적 정당성과 정통성을 부여받게 되었다고 해석한다. 이러한 움직임과 함께 이 시기에 도덕 지향성 사회가 부 지향성 사회와 권력 지향성 사회로 이행했다는 사실을 짚어낸다. 저자는 아마도 이 대목에서, 막스 베버의 『프로테스탄티즘의 윤리와 자본주의 정신』처럼 한국의 산업화(=자본주의화)를 가능케 한 정신적 원동력을 찾고 싶었던 듯하나, 더 깊숙이 밀고 나가지는 않는다.

오구라 기조는 결론적으로 이렇게 말한다. "한국에서 어떤 도덕성, 정통성, 정당성을 주장하며 헤게모니를 잡으려는 세력은 항상 그 구조상에서 동형이다." 여기서 도덕성, 정통성, 정당성이 바로 리(=도덕성)이며, 한국의 역사는 구체적 내용이 무엇이든 그 리를 쟁취하려는 역동적인 역사라는 해석과도 연결된다. 그가 한국이 하나의 철학이라고 한 이유가 여기에 있었다. 그는 이를 두고 동경이자 위화감이라며 찬사도 비난도 아닌 표현으로 마무리한다.

'리 신앙'이 한국의 근대화에 끼친 영향

오구라 기조의 『한국은 하나의 철학이다』, 운을 맞춰 이 책을 평한다면 우선 '이 책은 하나의 도발이다.' 특히 서구의 이론과 개념, 역사적 경험을 준거로 한국의 사회와 역사를 분석해온 학자들에게는 매우 중대한 도발이다. 또한 '이 책은 하나의 질문이다.' 특히 민족주의적 시각에서 한국의 독자성을 강조해온 학자들에게는 매우 의미 있는 질문이다. 그러나 정보에 어두운 탓인지 모르지만, 이 도발과 질문에 대해 어떤 대응이나 응답이 이루어진 것 같지는 않다.

이 책과 관련해서 내가 특별히 주목하고 싶은 부분은, 성리학 혹은 이기론이라는 전근대적 가치가 근대 한국의 형성 과정에 지대한 영향을 끼쳤다는 해석이다. 박정희나 정주영으로 대표되는 근대화·산업화 과정에서도, 김대중이나 386세대로 상징되는 민주화 과정에서도 리의 이념이 작동되고 있었음은 앞에서 살펴본 바와 같다. 다시 말해 한국의 민주주의와 자본주의를 형성한 이념은, 프랑스 혁명의 자유·평등의 정신이나 프로테스탄트 정신이나 보이지 않는 손의 자유방임주의라기보다 성리학적 가치체계였다는 것이다. 바로 이 점에서 이 책은 다소 무리한 비약과 지나친 도식화라는 한계를 안고 있기는 해도 모든 한국인에게 하나의 도발이고 질문일 수밖에 없다.

기자 정신에 밀려난
소설가 정신

하얼빈으로 가는 길은 길고 멀었다. 김훈이 50년을 벼르고 벼리다가 쓴 작품이 『하얼빈』이라고 하니 말이다. 제목에서 짐작할 수 있듯, 1909년 말 하얼빈역에서 벌어진 안중근 의사의 이토 히로부미 저격 사건을 다룬 소설이다. 실제로 블라디보스토크와 하얼빈 사이는 당시 기차로 하루를 꼬박 가야 하는 거리였다. 블라디보스토크는 두만강 바로 건너 연해주에 있는 러시아 영토이고, 하얼빈은 청나라 땅이긴 했으나 20세기 초 제정 러시아와 메이지 일본의 땅따먹기 게임이 치열하게 벌어졌던 만주의 한복판에 있는 도시다. 안중근은 동양평화를 실천하기 위해 블라디보스토크에서 하얼빈으로 갔고, 이토 역시 동양평화를 실천하기 위해 산둥반도의 다롄에서 하얼빈으로 갔다. 두 문제적 개인은 동양평화에 대한 전혀 다른 생각을 품고 그렇게 운명적으로 만났다. 이 사건을 뼈대로 삼은 이 소설은 『칼의 노래』와 『남한산성』 다음으로 김훈 역사소설의 계보를 잇는 작품이다. 계보를 잇는다는 것은 어떤 공통점이 있다는 뜻일 터. 김훈의 역사소설은 모두 우리 역사에 등장하는 문제적 개인의 내면을 담담하고 냉정하면서도 간결한 문체에 실어 전한다는 공통점이 있다. 다만 이번에는 이순신이나 김상헌, 최명길이 아니라 안중근이다.

사실의 비중이 높은 다큐멘터리 드라마, 『하얼빈』

가상의 시공간에서 벌어지는 이야기가 아니라면 역사소설은 팩션(fact+fiction)일 수밖에 없다. 팩션이란 사실과 허구의 결합인데, 사실의 비중과 허구의 비중이 어떻게 조합되느냐에 따라 작품의 성격이 전혀 달라진다. 김훈 역사소설의 경우, 전체적으로 허구보다 사실의 비중이 높다는 점에서 허구의 비중이 높은 다른 역사소설, 가령 박경리의 『토지』나 조정래의 『태백산맥』 등과 구별된다. 이 대목에서 소설가 김훈이 사실과 객관적 기록을 중시하는 기자 출신이라는 점을 기억할 필요가 있겠다.

역사소설이 사실과 허구의 조합이라고 했을 때, 사실과 허구의 비중을 가늠하는 중요한 포인트는 의미 있는 허구적 인물의 설정 여부다. 거의 모든 인물이 허구인 『토지』나 『태백산맥』과는 반대로 김훈의 역사소설에는 허구적 인물이 거의 등장하지 않는다. 그래도 예컨대『칼의 노래』의 경우 여진女眞이라는 여종이 등장해서 이순신 내면의 한 모습을 보여주는 매개 역할을 하고 있으며,『남한산성』의 경우 날쇠라는 이름의 대장장이가 개입해서 사건의 전개상 중요한 임무를 수행한다. 날쇠는 완전히 허구적 인물이지만 여진은 최소한의 사실적 근거가 있기는 하나 허구적 요소가 매우 강한 인물인 것은 확실하다.

그런데『하얼빈』의 경우 이런 의미 있는 허구적 인물이 '전혀'라고 해도 좋을 만큼 보이지 않는다. 허구적 인물이 등장하기는커녕 소설이 끝난 후에도 '후기·주석'이라는 이름의 장을 따로 두고 소설에 등장하는 실존 인물이나 관련 사건들의 배경담·후일담을 사료에 입각해 보충해주기까지 한다. 소설 본문에서도 지명이나 인명의 한자를 병기하거나 간혹 괄호 안에 해설을 써넣기도 한다. 이쯤 되면 소설이라는 장르 자체의 정체성마저 흔들리지 않을까 조마조마할 정도다.

이렇듯『하얼빈』은 김훈 역사소설 중에서도 사실의 비중이 가장 높은 작품이다. 어쩌면 팩션이라기보다 다큐멘터리 드라마(다큐드라마)라고 하는 편이 더 적절해 보인다. 다큐드라마는 사실을 바탕으로 삼되 사실을 확인할 수 없는 일부 요소에, 사실에서 충분히 유추할 수 있는 허구적 요소를 끼워 넣음으로써 사실을 더 풍부하게 해주는 다큐멘터리의 한 종류다. 그런 점에서『하얼빈』은 다큐드라마의 정의에 비교적 잘 부합한다. 다만 영상이 없는, 또는 글로 쓴 다큐드라마라고 할까.

김훈식 묘사법, 이항대립과 대립의 무효화

그런데『하얼빈』을 포함한 김훈 역사소설의 매력은 허구적 서사가
아니라 사실 여부를 가릴 수 없는 묘사에서 나온다는 점을 기억할
필요가 있다. 김훈은 사실과 사실 사이의 확인되지 않은 빈틈을
사실인지 허구인지 확인할 수 없는, 그러나 다분히 사실일 것 같
은, 아니 어쩌면 사실보다 더 사실 같은 묘사로 메운다. 여기서 주
목해야 할 것은 그의 독특한 묘사방식이다. 그의 묘사방식 중 가
장 눈에 띄는 특징은 이항대립의 팽팽한 긴장을 화자의 내면으로
끌어들여 하나로 합치면서 그 대립 자체를 중재하거나 무효화한
다는 점이다.『하얼빈』의 다음 인용문을 보자.

> 안중근은 몸속에서 버둥거리는 말들을 느꼈다. 말들은 탄창 속으로
> 들어가서 발사되기를 기다리는 듯하다가 총 밖으로 나와서 긴 대열
> 을 이루며 출렁거렸다. 말은 총을 끌고 가려 했고, 총은 말을 뿌리치
> 려 했는데, 안중근은 마음속에서 말과 총이 끌어안고 우는 환영을
> 보았다.

이렇듯 말과 총은 안중근의 몸과 마음속에서 하나로 합쳐지며
대립이 중재되고 무효화된다. 안중근에게 말은 곧 총이고 총은 곧
말이다. 쉽게 말하자면 이토에게 총을 쏘는 행위는 이토와 전 세계
인을 향해 법정에서 말로 이토의 만행을 응징하는 행위와 동일하

다는 것이다. 이렇듯 이항대립을 받아 안으며 무효화하는 방식의 묘사는 김훈 소설 곳곳에서 빛을 발한다. 예컨대 『칼의 노래』 중 다음의 대목을 보자.

> 수守와 공功은 찰나마다 명멸한다. 적의 한 점을 겨누고 달려드는 공세는 허를 드러내서 적의 공세를 부른다. 가르며 나아가는 공세가 보이지 않는 수세의 무지개를 동시에 거느리지 못하면 공세는 곧 죽음이다. 적과 함께 춤추며 흐르되 흐름의 밖에서 흐름의 안쪽을 찔러 마침내 거꾸로 흐르는 것이 칼이다.

이순신의 칼은 수세와 공세를 동시에 받아 안으며 하나로 합친다. 이순신에게 임진년의 전쟁은 이겨도 질 수밖에 없는 전쟁이었다. 전쟁터에서 대승을 거두어도 조정의 임금과 대신들은 어떻게든 트집을 잡아 자신의 목을 겨냥할 것이기 때문이다. 따라서 이 대목은 적을 공격해야 하면서도 조정의 공격으로부터 자신을 방어해야 하는 이순신의 기구한 운명이 담긴 일종의 알레고리로 해석할 수 있다. 김훈은 이순신이라는 한 인간 내면의 갈등과 번민을 이런 독특한 묘사를 통해 표현했다. 그런 묘사방식이야말로 사실에 충실한 서사임에도 독자를 이야기 속으로 빨려들게 만드는 김훈식 문체의 힘이다. 그런데 문제는 『하얼빈』에서 사실의 전개에 중점을 둔 탓에 이런 독특한 문체가 대폭 줄어들었다는 점이다.

'기자 김훈'이 '소설가 김훈'을 밀어낸 소설

'로쟈'라는 필명으로 더 잘 알려진 평론가 이현우는 김훈의 소설을 '소설'로 인정하지 못하겠다고 모질게 평가한 바 있다. 그의 독설을 들어보자.

> 단적으로 말해서, '장편소설'이라고 표지에 박혀 있더라도, 그런 걸 세 권이나 냈더라도 그는 아직 단 한 편의 소설도 쓰지 않았다. 그가 쓴 건 에세이스트의 손가락이 쓴 역사 '에세이'이고, 혹은 그에 대한 '판타지'거나 '모노드라마' 들이다. (중략) 왜 그런가? 그것은 어떻게 해도 감추어지지 않는, 그의 '문체' 때문이다. 요컨대 그의 문체는 소설이란 장르, 품위 없고 잡스러운 장르가 요구하는바 일상적 디테일, 저잣거리의 언어를 담기에는 너무 고상하며 품위가 넘쳐난다. 그래서 어색하다. 마치 장미희가 떡장수를 연기하는 것처럼. 그래서 그가 아무리 "소설이요!"라고 외쳐도 내겐 "똑 사세요!"로 들린다.
>
> 이현우, 『로쟈의 인문학 서재』 중에서

『칼의 노래』와 『남한산성』을 좋은 소설로 평가하는 나로서는 이 주장에 동의하기는 어렵다. 자신이 생각하는 소설의 기준에 못 미친다고 평할 수는 있어도 아예 소설이 아니라고 평가절하하는 것은 학문적 엄밀성이 결여된 인상비평일 뿐이다. 다만, 김훈 소설의 장르적 정체성에 대한 의심은 문체가 아니라 사실을 중시하는 기자 정신에서 비롯된다고 생각할 수는 있겠다. 기자 정신은 자료를 모으고 이야기를 구상하는 단계에서는 필요할 테지만, 적정 수준을 넘어서 소설 내부에까지 깊숙이 개입하면 소설의 장르적 정체성을 흔들 수도 있는 탓이다. 『하얼빈』에서 김훈식 묘사가 대폭 줄어들고 그 자리가 사실들로 채워진 결과를 나는 그의 기자 정신과 연결해서 이해하고 싶다.

이 책의 띠지에는 "『칼의 노래』를 넘어서는 김훈의 새로운 대표작"이라고 적혀 있다. 아마도 『칼의 노래』보다 더 많이 팔리기를 바라는 출판사 측의 속내가 그렇게 드러난 듯하다. 아무리 그래도 대표적인 문학 전문 출판사가 작품 간의 우열을 이렇게 대놓고 가리는 행위는 꽤나 성급하고 어색해 보인다. "A가 B를 넘어선다"라는 표현은 광고 문구에나 어울릴 만큼, 그리고 계획적 진부화니 USP(고유한 장점)니 차별화 전략 따위의 마케팅 용어가 연상될 만큼 너무나 자본주의적이다. 광고 문구에서 "가성비에서 아이폰13이 아이폰14를 넘어선다"라거나 "성능 면에서 아이패드가 갤럭시탭을 넘어선다" 하는 식으로 흔히 표현되고 있지 않은가. 광고와 마케팅, 경쟁과 이윤이 지배하는 세상에서는 문학이 설 자리가 점점 좁아질 것이다. 사람들이 문학을 찾는 이유가 그런 세상에서 잠시라도 벗어나기 위해서라는 점을 출판사 측이 깜박 잊어버린 모양이다.

그래도 굳이 넘어섰는지 아닌지를 따질 필요가 있다면, 먼저 다음과 같은 질문부터 던져야 한다. 『하얼빈』은 사실을 다루는 '기자 김훈'과 허구를 다루는 '소설가 김훈' 중에서 '기자 김훈'이 전면에 나선 소설이 아닐까? 바꿔 말하면 기자 정신이 소설가 정신을 밀어낸 작품이 아닐까? 그렇다면 과연 이것은 김훈 소설의 진화일까, 퇴화일까?

『하얼빈』 속 안중근은 '문제적 개인'일까?

> 별이 빛나는 창공을 보고, 갈 수가 있고 가야만 하는 길의 지도를 읽을 수 있던 시대는 얼마나 행복했던가? 그리고 별빛이 그 길을 환하게 비춰주던 시대는 또 얼마나 행복했던가? 이런 시대에 있어서 모든 것은 새로우면서도 친숙하며, 또 모험으로 가득 차 있으면서도 결국은 자신의 것이다. 세계는 무한하고 광대하지만 마치 자기 집에 있는 것처럼 아늑하다. 왜냐하면 영혼 속에서 타오르는 불꽃은 별들이 발하고 있는 빛과 본질적으로 동일하기 때문이다.

이 글은 헝가리의 문예이론가 게오르크 루카치(1885-1971)가 1916년에 쓴 『소설의 이론』에 나오는 유명한 첫 단락이다. 그는 자신의 영혼 속에서 타오르는 불꽃과 별빛을 일치시키는 사람, 다른 표현으로 타락한 사회에서 타락한 방법으로 진정한 가치를 추구하는 사람을 '문제적 개인'이라고 불렀다. 문제적 개인은 총체성을 회복하고자 노력하면서 역사적 전망을 개척해나가는 전형적

인물인데, 루카치는 그런 문제적 인물이 등장하는 소설을 리얼리즘이라는 이름으로 상찬했다. 루카치의 소설론에 입각해서 볼 때, 『하얼빈』의 안중근이 그런 문제적 개인으로 형상화되었다고 볼 수 있을까? 미흡하다면 이는 소설가 정신이 기자 정신에 밀려난 탓이 아닐까?

허구와 사실, 사실과 묘사 간 배분을 따지는 게 어쩌면 무의미할지도 모른다. 김훈 역사소설은 역사적으로 의미 있는 인물을 역사라는 거대 서사의 관점에서 바라보지 않고, 그 인물의 내면을 섬세하게 들여다본다는 데 있다. 아무리 역사적으로 위대한 인물이라도 그는 갈등하고 번민하고 주저하기도 하는 개인일 뿐이다. 역사란 그런 개인들이 만들어간 시간이었음을 김훈은 보여주려 했을 것이다.

굿바이,
아베

아베 신조安倍晋三, 그대는 일본의
전 총리대신 중 내가 얼굴과 이름을 함께 기억하는 유일한 인물이
라네. 일본 전국시대 세키가하라 전투에서 승리한 다이묘처럼, 아
니면 을미사변 때 경복궁을 습격한 낭인의 두목처럼 언제나 기세
등등했던 그대가 그렇게 졸지에 가게 될 줄 몰랐네. 하지만 너무
억울해하지는 말게. 그런 경우를 두고 '업보'라고도 하고 '자업자
득'이라고도 하지. 저세상에서는 부디 착하게 살기 바라겠네. 이승
에서 진 빚이 워낙 많아 다 갚으려면 저승에서는 장수할 걸세.

들자 하니 그대의 몸에도 한국인의 피가 흘렀다는 말이 있더
군. 그대의 외조부 '기시 노부스케' 전 총리의 친동생 '사토 에이사
쿠'(역시 전 총리인데, 형제라면서 왜 성이 다르지?)가 자기 조상이 임진
왜란 후 일본으로 건너간 조선인이라고 실토했다지. 그러니 그대

외가 쪽은 '한국계'일 가능성이 있네. 그런데도 왜 그렇게 우리를 잡아먹지 못해 안달했는가? 하긴 '기시 노부스케'는 1급 전범으로 능지처참해도 시원치 않은 군국주의 일본의 주역이었으니, 그자가 만일 한국계라면 우리가 오히려 부끄러워해야 할 일이겠군. 그러니 그건 낭설이기를 비네.

그대 집안 얘기를 조금 더 해보겠네. 고조부인 '오시마 요시마사'는 동학농민혁명을 구실로 들어온 일본 군대의 지휘관으로, 민비 시해를 주도했고 고종을 겁박했으며 우금치에서 벌어진 동학농민군 학살을 지휘했다지. 그자의 성이 아베가 아니라서 그대의 친고조부가 아니라 외고조부라는 설도 있던데, 그건 뭐 아무래도 좋아.

그리고 일본 패망 1년 전인 1944년 조선의 마지막 총독으로 부임한 '아베 노부유키'가 그대의 증조부로 알려졌으나 이는 사실이 아닌가 보더군. 그자는 조선의 청년을 전쟁의 총알받이로 써먹고, 남편과 아버지를 탄광 막장 같은 곳에서 죽음의 노동을 강요한 전쟁광이었다지. 전쟁물자로 놋그릇은 물론이고 쌀 한 톨까지 모두 긁어 가져갔을 뿐만 아니라 소녀들을 위안부로 끌어간 원흉이기도 했고. 그가 그대의 증조부가 아니라서 다행일지는 몰라도, 우리가 그런 작자와 그대 간에 깊은 근친성을 느낄 정도로 둘에게서 비슷한 인간이라는 인상을 받고 있다는 사실만큼은 기억해두기를 바라네.

'아베 노부유키' 얘기가 나온 김에 한마디 더하지. 그자가 패망

후 우리나라를 떠나며 했다는 말이 가관이더군. "우리 일본은 조선인에게 총과 대포보다 식민교육을 심어놓았다. 조선은 문명을 회복하지 못하고 서로 이간질하며 싸우는 노예적 삶을 극복하지 못할 것이다. 나 아베는 반드시 돌아온다"라고 했다지? 이 말을 처음 듣고 섬뜩했네. '서로 이간질하며 싸우는 노예적 삶'이라는 대목에서 특히 소름이 돋더군. 그자가 설계해놓은 장단에 맞춰 부화뇌동하는 토왜土倭들의 존재가 확인되고 있기 때문이지. 소식을 못들었을까 봐 최근에 벌어진 일 한 가지만 들려주겠네. 2023년 3월에 열린 한일 정상회담에서, 일본의 강제징용 피해배상금 문제에 대해 일본 우익의 요구를 그대로 들어준 대한민국 대통령의 결정을 놓고 열띤 찬반 논란이 벌어지고 있네. 그러니 '서로 이간질하며 싸우는 노예적 삶'이 아니라고 부정할 수만은 없지 않겠는가. 결국 부끄럽게도 '아베 노부유키'의 구상이 어느 정도는 성공했다는 점을 인정할 수밖에 없게 되었네.

패전 직후 그대 외조부인 '기시 노부스케'가 기사회생한 사건을 기억하는 사람도 많다네. 1급 전범인데도 다른 전범들이 처형당하기 전날, 미군정과 모종의 협상 끝에 갑자기 석방되어 나중에 총리를 지내기도 한 그 이야기 말일세. 그때부터 그대 집안은 미국과 뒷거래를 해야 살아남을 수 있는 생존법칙을 깨달아 오늘날까지 미국의 비위를 잘 맞추고 있다고 하지. 미국의 '시다바리'가 되는 것도 자네 집안의 가업인 셈이더군.

아 참, 그대가 조슈 번(지금의 야마구치 현) 출신이라는 사실을 빠뜨릴 뻔했군. 그대의 친부인 '아베 신타로'(전 외무대신), 앞서 말한 외조부 '기시 노부스케'와 작은 외조부 '사토 에이사쿠', 고조부 '오오시마 요시마사'까지 모두 조슈 번 출신이더군. 이게 다가 아니지. 메이지 유신의 중심인물이자 한반도 병탄의 주역들 대다수가 조슈 번과 사쓰마 번 출신이었는데, 그중 조슈 번 출신으로는 병탄의 핵심 주역 '이토 히로부미', 민비 살해의 주범 '미우라 고로', 가쓰라-태프트 조약의 당사자 '가쓰라 다로', 한국통감부의 3대 통감이자 초대 조선 총독 '테라우치 마사타케' 등이 있지. 이 모든 인물의 배후에 이들의 스승이자 정한론征韓論의 기수 '요시다 쇼인'이 있었음도 잘 알려진 사실이네. 물론 그대 부친은 반전 평화주의자로 평가받기도 한다니 그 점은 참고하겠네.

이처럼 그대 집안사람들과 동네 사람들은 우리 역사의 고비마다 우리를 괴롭혔어. 지긋지긋한 악연이었지. 그대는 그 잘난 혈연과 지연의 작용으로 생물학적 유전자와 문화적 유전자(즉 밈meme)의 명령에 따라 우리를 잡아먹지 못해 그렇게 안달했던 거였어. 『이기적 유전자』를 쓴 리처드 도킨스는 틀림없이 그렇게 말했을 걸세. 자넨 위안부 옹호 발언, 일본의 재무장 시도, 한일 무역분쟁 야기 등으로 그 악연을 이어가지 않았던가. 그대의 죽음으로 그 악연이 끝날 수 있기를 바라지만, 안타깝게도 상황은 오히려 그 반대로 흘러가는 듯하네.

비명횡사한 사람에게 나쁜 얘기만 늘어놓아 섭섭할 수도 있겠군. 그래서 마지막으로 덕담도 한마디 해주겠네. 35년간 식민지를 경험했음에도 늘 우리의 롤모델이자 선망의 대상이었던 일본이 알고 보면 하찮은 나라라는 사실을 알려줘서 정말 고맙네. 일본이 밴댕이 속처럼 협량한 나라임을 알게 된 것은 바로 그대 때문이었지. 덕분에 정치·경제·문화 등 각 부문에 남아 있던 한국인의 일본 콤플렉스는 거의 사라진 듯하네. 고맙네. 얼마나 고마운지 혹시 그대 몸속에 흐르는 한국계의 피가 그렇게 만든 건 아닐까, 혹시 그대는 우리 조상이 세워놓은 X맨이 아닐까 하고 추측한 적도 있다네.

비록 구차한 목숨이라도 목숨은 다 소중한 법이니, 느닷없는 죽음 앞에 명복은 빌어주겠네. 더는 그대같이 불행한 인간이 없기를 빌며. 안녕, 아니 굿바이, 아니 사요나라 아베~.

산란을 마친 연어의 꿈

현제명이 작사·작곡한 〈희망의 나라로〉라는 노래가 있다. 빠르고 경쾌한 리듬과 밝고 희망에 찬 가사 덕에 한때는 광복절이나 대통령 취임식 같은 경사스러운 날 행사에서 즐겨 불렸다. 그런데 그동안 알려지지 않았던 실체가 드러난 다음부터는 큰 행사에서 거의 사라졌다. 그 실체란 이 노래를 만든 현제명이 실은 골수 친일파이고, 이 노래에서 말하는 "희망의 나라"란 다름 아닌 제국주의 일본의 괴뢰정부 만주국을 지칭한다는 사실이다. 물론 "희망의 나라"가 곧 만주국이라는 해석은 현제명이 골수 친일파라는 사실만큼 확실한 증거를 확보하지 못해서 아직 논란 중이다. 하지만 여러 정황상 그럴 가능성은 꽤 크다.

이 노래가 나온 1931년은 일본이 만주사변을 일으킨 해다. 일본은 이듬해 청나라의 마지막 황제 푸이를 내세워 만주국이라는 괴뢰정부를 수립했고, 그 이후 일본인과 조선인을 상대로 강제성을 띤 대대적인 만주 이주 정책을 펼쳤다. 〈희망의 나라로〉는 이런 역사적 배경 속에서 만주 이주를 홍보하기 위해 만들어진 노래였다고 한다.

나는 어린 시절부터 이 노래를 들으면 내면에서 솟아나는 희망의 기운에 한껏 고무되곤 했다. "험한 바다 물결 건너 저편 언덕"은 현재의 어려운 생활에서 벗어난 후 찾아오는 풍요로운 미래로 이해했고, "산천 경개 좋고 바람 시원한 곳"은 그 미래에 내가 살게 될 멋진 집이나 아름다운 세상으로 받아들였다. "돛을 달아라 부는 바람 맞아, 물결 넘어 앞에 나가자"는 그렇게 살기 위해서는 아무리 힘들어도 참고 열심히 노력해야 한다는 뜻으로 해석했다. "자유 평등 평화 행복 가득 찬 곳"은 그런 세상이 오면 뭐든지 맘껏 할 수 있다는 뜻으로 이해했다. 전체적으로 "희망의 나라"는 현재의 어려움을 극복하면 찾아올 멋진 미래로 생각했다. 한마디로 "희망의 나라"는 멋진 미래의 비유였다. 그러니 "희망의 나라로" 간다는 것은 이곳에서 저곳으로 공간을 이동한다는 게 아니라 현재에서 미래로 시간을 이동한다는 뜻이었다. 이 노래를 부른 사람은 대부분 그렇게 생각하지 않았을까?

그런데 새롭게 밝혀진 실체는 나에게 적잖은 충격을 주었다. 세상에, "희망의 나라"가 멋지고 행복한 미래가 아니라 일제의 괴뢰국이었던 만주국이었다니! 그렇다면 가령 "험한 바다 물결 건너 저편 언덕"은 풍랑이 높이 이는 황해를 지나서 닿게 되는 만주벌판을 직접 표현하는 가사다. 그러면 "희망의 나라"는 비유가 아니라 팩트라는 말이고, "희망의 나라로" 간다는 것은 시간의 이동이 아니라 공간의 이동이 된다.

나는 이미 패망한 저 섬나라의 똘마니를 찬양하는 노래에 속아서 순진무구한 희망과 기대를 품었다는 사실을 도무지 받아들이기 어려웠다. 지난 시절의 소중했던 기억 속 한 페이지가 부정당하는 듯해서 매우 불쾌했다. 그것은 바로 배반감이었다. 내가 그때 느낀 배반감은 근대가 '우리'에게 안겨준 배반감과 다르지 않을 것이다.

누구나 고등학교 때까지는 합리적이고 이성적인 근대의 질서에 순응하는 근대인이 되도록 교육받는다. 전공이나 개인의 성향에 따라 다르겠지만, 대학에서는 대개 근대적 가치·제도·기능을 이해하고 수용하는 데 많은 시간을 보낸다. 졸업 후에도 대체로 근대

친화적인 생각과 지식으로 무장하고 사기업에서, 공직에서, 교육기관에서, 아니면 자유직이나 전문직에서 근대가 원하는 생활인이 되어 산다. 그러니 그 누구든 계몽주의·자유주의·자본주의·민주주의·법치 등 근대의 주류를 이루는 가치와 질서 밖으로 벗어나서 생각하고 행동하기란 매우 어렵다. 그런 '우리'가 근대적 가치들의 실체를 알게 되었을 때 느낄 배반감은 과연 어느 정도일까? 나는 〈희망의 나라로〉의 실체를 알고 나서 느낀 배반감으로 이를 충분히 가늠할 수 있다고 본다. 나는 그런 보편적인 '우리'를 생각하며 이 책을 썼다.

물론 근대적 가치들에 순응하면서도 당당하고 행복하게 사는 사람들도 많다. 그들 중 상당수는 결코 근대가 자신들을 배반하지 않았다고 생각할 것이다. 그들은 이 책에서 다룬 책과 콘텐츠의 편향성을 지적할 것이다. 근대를 찬양하는 책과 콘텐츠도 많은데 왜 하필이면 삐딱한 것들만 골라서 소개하느냐고. 그런 입장을 끝까지 고수하는 사람이라면 『우리를 배반한 근대』라는 이 책의 제목에서 말하는 '우리'에 포함되지 않는다. 하지만 자신이 근대적 제도 아래서 누리는 혜택이 왠지 불안하거나 부당하다고 생각하는 사람이라면, 언제든지 '우리'가 될 수 있다.

근대적 가치들의 원초적 문제점을 처음부터 간파한 사람도 있을 것이다. 그들은 근대란 태생이 조폭이니 신사였다고 생각한 게 잘못일 뿐 배반한 게 아니라고 말할 것이다. 그들에게는 이 책의 내용이 너무나 당연해서 싱겁게 느껴질지도 모른다. 근대 비판서 중에는 더 심오한 내용을 담은 책과 논문도 많은데 왜 교양 수준의 말랑말랑한 것들만 골랐느냐며 말이다. 그들 역시 '우리'에 포함되지 않는다. 하지만 근대가 어떤 사람에게는 심한 배반감을 줄 수도 있다는 점을 인정한다면, 그리고 이를 되도록 쉽게 알려줄 필요가 있다고 생각한다면, 그들 역시 '우리'가 될 수 있다.

'근대'로 거슬러 오른 연어는 이제 막 산란을 마쳤다. 세찬 물살을 거슬러 오르기가 여간 힘겨운 일이 아니었으나 새로운 생명을 부화하는 기쁨과 기대 때문에 기꺼이 견딜 수 있었다. 부디 부화한 새 생명이 오래오래 힘차게 드넓은 바다를 맘껏 누비기를 바란다.

가수 강산에가 〈거꾸로 강을 거슬러 오르는 저 힘찬 연어들처럼〉에서 "걸어 걸어 걸어가다 보면 어느 날 그 모든 일들을 감사해야 하겠지"라고 노래했듯이, 이 책의 산란을 도운 모든 일과 모든 분께 감사를 드리고 싶다. 그중에서도 특히 이 책을 쓰는 데 길잡이가 되어주신 훌륭한 저자들과 콘텐츠 크리에이터들에게 머리를 숙인다. 그들은 번득이는 지혜와 돋보이는 사유로 내 거친 생각을 깨우쳐줌으로써 근대를 깊이 들여다보게 해주었다. 책을 읽고 글을 쓰는 삶의 소중함을 일깨워준 문학평론가 강웅식 박사에게도 고마운 마음을 전한다. 그의 격려와 기대가 없었다면 이 책은 탄생하기 어려웠을 것이다. '속이 알찬 책'이 되도록 꼼꼼히 챙겨준 여문책의 소은주 대표께도 감사드린다.

2023년 5월
엄창호

들어가는 말

김진송, 『서울에 딴스홀을 허하라』, 현실문화연구(2002)
유발 하라리(조현욱 옮김), 『사피엔스』, 김영사(2015)
이마누엘 칸트(임홍배 옮김), 『계몽이란 무엇인가』, 길(2020)
유벌 레빈(조미현 옮김), 『에드먼드 버크와 토머스 페인의 위대한 논쟁』,
　에코리브르(2016)
김기림, 『바다와 나비』, 시인생각(2013)

<hr />

자유보다 달콤한 복종

〈처음 만나는 자유〉(영화), 2000년 개봉
에리히 프롬(김석희 옮김), 『자유로부터의 도피』, 휴머니스트(2020)

<hr />

공화주의를 물리친 자유주의

〈SBS 스페셜 '결혼은 사양할게요'〉(2018년 12월 23일 방영),
　https://programs.sbs.co.kr/culture/sunmivideo/vod/65035/22000312562
마이클 샌델(안규남 옮김), 『민주주의의 불만』, 동녘(2012)
마이클 샌델(이경식 옮김), 『당신이 모르는 민주주의』, 와이즈베리(2023)

<hr />

자유주의, 국가주의와 손잡다

패트릭 드닌(이재만 옮김), 『왜 자유주의는 실패했는가』, 책과함께(2019)
알렉시스 드 토크빌(임효선 외 옮김), 『미국의 민주주의 1』, 한길사(2005)
로버트 달(박상훈 옮김), 『미국 헌법과 민주주의』, 후마니타스(2007)

강제를 자유로 착각하는 바보들에게

한병철(전대호 옮김), 『리추얼의 종말』, 김영사(2021)
한병철(김태환 옮김), 『피로사회』, 문학과지성사(2012)
롤랑 바르트(한은경 옮김), 『기호의 제국』, 산책자(2008)
장 보드리야르(하태환 옮김), 『시뮬라시옹』, 민음사(2001)

계몽은 신화로 돌아간다

박정희 작사·작곡, 〈새마을 노래〉, 1972년 발표
Th. W. 아도르노·M. 호르크하이머(김유동 옮김), 『계몽의 변증법』,
    문학과지성사(2003)
노명우, 『계몽의 변증법: 야만으로 후퇴하는 현대』, 살림출판사(2005)
호메로스(천병희 옮김), 『오뒷세이아』, 숲(2018)

카프카, 근대를 조롱하다

프란츠 카프카(전영애 옮김), 「사이렌의 침묵」, 『변신·시골의사』,
    민음사(2009), 208~210쪽
장병희, 「현대적 주체로서의 오디세우스―카프카의 신화 '사이렌의 침묵'에
    나타나는 진리의 유예」, 『독어교육』 39집(2007)
프란츠 카프카(권혁준 옮김), 『소송』, 문학동네(2013)
박홍규, 『카프카, 권력과 싸우다』, 푸른들녘(2018)
김민수, 『이상 평전』, 그린비(2012)

'미친놈'이라고 말할 자격

〈히든 아이덴티티〉(영화), 2017년 개봉
미셸 푸코(이규현 옮김), 『광기의 역사』, 나남(2012)
허경, 『미셸 푸코의 '광기의 역사' 읽기』, 세창미디어(2018)
이진경, 『철학과 굴뚝 청소부』, 그린비(2007)

자본주의의 기원에 관한 불편한 진실

스벤 베커트(김지혜 옮김), 『면화의 제국』, 휴머니스트(2018)

〈KBS 명작 다큐 '바다의 제국 3부: 뒤바뀐 운명'〉(유튜브 영상),
　　https://www.youtube.com/watch?v=Yc9Nnvb0JaU

──────

사다리를 걷어찬 '나쁜 사마리아인들'

장하준(이순희 옮김), 『나쁜 사마리아인들』, 부키(2007)
장하준(형성백 옮김), 『사다리 걷어차기』, 부키(2004)

──────

밀턴 프리드먼이라는 주술

〈국가부도의 날〉(영화), 2018년 개봉
나오미 클라인(김소희 옮김), 『쇼크 독트린』, 살림비즈(2015)

──────

주식회사의 놀부 심보

〈공기 살인〉(영화), 2022년 개봉
김종철, 『금융과 회사의 본질』, 개마고원(2019)
자라 바켄크네히트(장수한 옮김), 『풍요의 조건』, 제르미날(2018)

──────

부르주아의 다섯 가지 얼굴

Raymond Williams, *Keywords: A Vocabulary of Culture and Society*
　　(Revised Edition), Fontana Paperbacks(London, 1983)
전국역사교사모임, 『살아있는 세계사 교과서 2』, 휴머니스트(2005)
조정래, 『태백산맥 4』, 해냄(2020)
칼 마르크스(이진우 옮김), 『공산당 선언』, 책세상(2018)
막스 베버(박성수 옮김), 『프로테스탄티즘의 윤리와 자본주의 정신』, 문예출판사(1996)
키어런 앨런(박인용 옮김), 『막스 베버의 오만과 편견』, 삼인(2010)
이진경, 『맑스주의와 근대성』, 문화과학사(2005)

──────

부르주아, 귀족을 꿈꾸다

강철구의 '세계사 다시 읽기',
　　https://www.pressian.com/pages/serials/1381?page=3
몰리에르(이상우 옮김), 『부르주아 귀족』, 지만지드라마(2019)

소스타인 베블런(박홍규 옮김), 『유한계급론』, 문예출판사(2019)
토마 피케티(장경덕 외 옮김), 『21세기 자본』, 글항아리(2014)

만들어진 소비자

경동보일러 광고(1992), https://www.youtube.com/watch?v=fc-IX3S_Yts
스튜어트 유엔(최현철 옮김), 『광고와 소비 대중문화』, 나남(1998)
이진경, 『맑스주의와 근대성』, 문화과학사(2005)

'계획적 진부화'라는 음모

〈전구 음모〉(다큐멘터리), 2010년 개봉,
    https://www.youtube.com/watch?v=LM9lb6palXY
세르주 라투슈(정기헌 옮김), 『낭비 사회를 넘어서』, 민음사(2014)

소비의 미끼, 사용가치

〈TV쇼 진품명품〉(2019년 8월 11일 방송),
    https://www.youtube.com/watch?v=Qv_qxMMo6Yk
장 보드리야르(이규현 옮김), 『기호의 정치경제학 비판』, 문학과지성사(1995)
볼프강 하우크(김문환 옮김), 『상품미학비판』, 이론과실천(1991)
미술비평연구회 편, 『상품미학과 문화이론』, 눈빛(1995)
김주환, 『디지털 미디어의 이해』, 생각의나무(2008)
유발 하라리(조현욱 옮김), 『사피엔스』, 김영사(2015)

국민이 주인이라는 착각

데이비드 그레이버(정호영 옮김), 『우리만 모르는 민주주의』, 이책(2015)
알렉시스 드 토크빌(임효선 외 옮김), 『미국의 민주주의 1』, 한길사(2005)
왕사오광(김갑수 옮김), 『민주사강』, 에버리치홀딩스(2010)

선거 없는 민주주의가 가능하다고?

장 자크 루소(최석기 옮김), 『인간불평등기원론/사회계약론』, 동서문화사(2019)
아즈마 히로키, 『일반의지 2.0』, 현실문화(2012)

자발적 굴종의 유혹

이문열 외, 『우리들의 일그러진 영웅』(1987 이상문학상 작품집), 문학과사상사(1998)

──────

'법 앞의 평등'이라는 기만술

알베르 소불(양영란 옮김), 『프랑스 대혁명』, 두레(2016)
알베르 소불(최갑수 옮김), 『프랑스 혁명』, 교양인(2018)

──────

'법 지상주의' 프레임에 갇힌 우영우

〈이상한 변호사 우영우〉(ENA 16부작 드라마),
    https://www.netflix.com/watch/81566007?trackId=255824129

──────

사라지지 않은 특권

임은정, 『계속 가보겠습니다』, 메디치미디어(2022)
에밀 졸라(유기환 옮김), 『나는 고발한다』, 책세상(2020)

──────

'후계동'이라는 이름의 '오래된 미래'

〈나의 아저씨〉(tvN 16부작 드라마), 2018년 방영
헬레나 노르베리 호지(양희승 옮김), 『오래된 미래』, 중앙북스(2018)
고병권 · 이진경 외, 『코뮌주의 선언』, 교양인(2007)

──────

바람이여 안개를 걷어가다오

정태춘 작사 · 작곡 · 노래, 〈북한강에서〉, 1985년 발표
최재봉, 「정태춘, "세상과의 불화에서…난 졌다고 생각하는 사람"」, 『한겨레』
    2019년 4월 21일자 인터뷰
〈아치의 노래, 정태춘〉(다큐멘터리), 2022년 개봉
발터 벤야민(반성완 옮김), 『발터 벤야민의 문예이론』, 민음사(1998)
발터 벤야민(최성만 옮김), 『역사의 개념에 대하여 / 폭력비판을 위하여 /
    초현실주의 외』, 길(2008)
김진영, 『희망은 과거에서 온다: 김진영의 벤야민 강의실』, 포스트카드(2019)

공동체주의를 넘어서

마이클 샌델(김명철 옮김),『정의란 무엇인가』, 와이즈베리(2014)
[풀버전] 그 유명한 〈정의란 무엇인가〉, 설민석이 엑기스만 뽑아 읽어드립니다
  (유튜브 영상) https://www.youtube.com/watch?v=CIVRhOM33NQ&t=109s
마이클 샌델은 좌파? [정의란 무엇인가] 핵심 요약과 마이클 샌델의 사상!
  (유튜브 영상) https://www.youtube.com/watch?v=80TIm2c1Pnw&t=20s

왜 사촌이 땅을 사면 배가 아플까

'괜찮아유'(KBS 코미디 프로그램 〈유머 일번지〉),
  https://www.youtube.com/watch?v=APzyTgzosa0&t=3856s
이철승,『쌀, 재난, 국가』, 문학과지성사(2021)

'리쩨'라는 이름의 절대반지

오구라 기조(조성환 옮김),『한국은 하나의 철학이다』, 모시는사람들(2017)

기자 정신에 밀려난 소설가 정신

김훈,『하얼빈』, 문학동네(2022)
김훈,『칼의 노래 1, 2』, 생각의나무(2004)
이현우,『로쟈의 인문학 서재』, 산책자(2009)
게오르크 루카치,『소설의 이론』, 문예출판사(2007)

굿바이, 아베

'나무위키'(https://namu.wiki): 아베 신조
'위키백과'(pedia.https://ko.wikipedia.org/wiki): 아베 신조
기타 인터넷 검색

우리를 배반한 근대
화려한 허울을 벗겨낸 근대의 속살

2023년 6월 19일 초판 1쇄 발행

지은이 ㅣ 엄창호
펴낸곳 ㅣ 여문책
펴낸이 ㅣ 소은주
등록 ㅣ 제406-251002014000042호
주소 ㅣ (10911) 경기도 파주시 운정역길 116-3, 101동 401호
전화 ㅣ (070) 8808-0750
팩스 ㅣ (031) 946-0750
전자우편 ㅣ yeomoonchaek@gmail.com
페이스북 ㅣ www.facebook.com/yeomoonchaek

ISBN ㅣ 979-11-87700-49-4 (03300)

여문책은 잘 익은 가을벼처럼 속이 알찬 책을 만듭니다.